情報時代の学校をデザインする

学習者中心の教育に変える6つのアイデア

C・M・ライゲルース
J・R・カノップ 著

稲垣 忠
中嶌康二
野田啓子
細井洋実
林 向達 共訳

北大路書房

Reinventing Schools

It's Time to Break the Mold

Charles M. Reigeluth and Jennifer R. Karnopp

Translated from the English language edition of
Reinventing Schools: It's Time to Break the Mold,
by Charles M. Reigeluth and Jennifer R. Karnopp,
originally published by Rowman & Littlefield Education,
an imprint of The Rowman & Littlefield Publishing Group, Inc., Lanham, MD, USA.
Copyright © 2013.
Translated into and published in the Japanese language
by arrangement with Rowman & Littlefield Publishing Group, Inc.
through The English Agency (Japan) Ltd.
All rights reserved.
No part of this book may be reproduced or transmitted in any form or by any means electronic or mechanical including photocopying, reprinting, or on any information storage or retrieval system, without permission in writing from Rowman & Littlefield Publishing Group.

モーガン，イライザ，ジリアン，デーン，
そして，ニーズに合った教育システムを本当に必要としている
すべての子どもたちに本書を捧げます。

もくじ

はじめに（日本語版への序）　vii
謝辞　x

1 本質的な変化のために　1

少数のニーズに応えること　1
すべてのニーズに応えること　5
時代遅れのビジネスニーズのために生徒たちが準備すること　7
情報時代の本質を探る　10
変わりゆく生徒の教育ニーズ　19
この章の要約　25

2 情報時代の教育ビジョン　29

コア・アイデア1：到達ベースのシステム　31
コア・アイデア2：学習者中心の指導　33
コア・アイデア3：広がりのあるカリキュラム　38
コア・アイデア4：新たな役割　42
コア・アイデア5：調和ある人格を育む学校文化　52
コア・アイデア6：組織構造とインセンティブ　57
構造的な変化　67
費用対効果　69
この章の要約　70

3 新しいパラダイムの具体例　75

ミネソタ・ニュー・カントリー・スクール（エデュビジョンズ）　76

チュガッチ学区　86
　　　モンテッソーリ教育のシステム　93
　　　その他の情報時代における学校システム　100
　　　この章の要約　100

4 どうやって変えていくのか？　103

　　　パラダイム転換を促す方略　104
　　　パラダイム転換を引き起こす原則　108
　　　残された課題　117
　　　この章の要約　126

5 政府にできることは何か　129

　　　テクノロジ・ツール開発の支援　130
　　　好事例を生み出す支援　132
　　　パラダイム転換を促す力をつける　134
　　　パラダイム転換に関する知識をつける　136
　　　連邦政府の戦略　136
　　　さいごに　140
　　　この章の要約　140

付録 A　情報時代のパラダイムへと進化している学校　143

付録 B　パラダイム転換に時間がかかった場合，どうなりますか？　144

付録 C　パラダイム転換へのツール集　146
　　　センゲの氷山モデル　146
　　　センゲの「推論のはしご」　148
　　　センゲのシステム思考に関する11の典型的パターン　149
　　　バナシーのシステムが持つ3つの側面　151
　　　アコフの変化のための4つの方針　152

　　　　　　ライゲルースのカオス理論によるフラクタル　153
　　　　　　ダフィーのパラダイム転換への３つの道のり　156
文献　159
索引　169
著者について　173
訳者あとがき　174
翻訳者からのメッセージ　　178

はじめに（日本語版への序）

　日本の学校は，米国の学校と同じく，工業社会の教育パラダイムにどっぷりと浸かっています。生徒たちは，取り組んでいる単元を学んだかどうかではなく，一定の時間が経つことで次の単元に進まされます。ゆっくり理解する学習者にとっては，学びきれなかった抜けが増えていきます。その先，抜けに関連する内容を学ぶことはさらに難しくなります。情報社会（デジタル社会）を生きるうえでの準備が十分にできなくなるでしょう。かつて支配的だった単純作業は，知識労働へと置き換わりました。それにもかかわらず，多くの生徒たちは21世紀型スキル―問題解決，創造性，チームワーク，批判的思考，自己主導等―を学ぶこともできていません。

　本書では，教育における現在のアプローチの問題点を検討したうえで，どのようなアプローチが必要なのかを考察します。近い将来の生徒の学習ニーズに対応するために，既存の教育制度をどのように変化させる必要があるのか，教育改革の2つの側面に着目します。一つは，幼稚園から高校までの教育システムをどのようにすべきかです。もう一つは，現状のシステムの転換をどのように支援するのかについてです。

　1章では，工業時代から情報時代にかけての社会の根本的な変化を取り上げます。生徒や地域社会の教育ニーズがどのように変化したのかを示します。**何を教えられるのか**（教育内容）と，**どのように教えられるのか**（指導方法）を修正する必要があることを，明らかにします。さらに，より重要と思われる点として，教育システムの**基本構造**が時代遅れになりつつあり，新たな教育ニーズに対しては逆効果ですらある証拠を示します。

　現行の教育システムが，子どもたちを置きざりにする構造であることを明らかにし，その根拠を示します。そして，その代替となる，情報社会の新たな教育ニーズを満たすシステム－教育コストを低減しながら学びを最大化するシステム－を提示します。

　2章では，工業時代と情報時代の社会の決定的な相違点を分析します。そのうえで，今日の世界において，生徒たちや地域社会が期待する教育・発達上の

ニーズを満たすことができる教育システムのビジョンを提示します。それは現行の教育システムよりも，より低いコストで実現可能な方法です。また，この章では，よりよい教育実践の実現を後押しする，6つのコア・アイデアを紹介します。

1. 到達ベースのシステム
2. 学習者中心の指導
3. 広がりのあるカリキュラム
4. 自己主導型学習を支援するテクノロジと生徒，教師の役割
5. 調和ある人格を育む学校文化
6. 組織構造の分権化

加えて，現行の教育システムが生徒の学びを非生産的にしている原因を明らかにします。結びでは，新たなシステムのコスト効果を強調しています。

3章では，私たちが2章で示した新しい種類のシステムをすでに取り入れている何百もの学校の中から，3つの事例を取り上げます。これらの事例は，教育のさまざまなレベルの変化を示しています。学校単位，学区単位，国際的な学校モデルの3つです。これらの学校や組織が6つのコア・アイデアをどのように活用しているのか，その成果とともに説明します。付録では，同様の学校システムを数多く紹介しています。

4章では，既存の学校を転換し，情報時代の教育システムに見合った新たな学校をデザインする要点を，小規模（個々の学校），中規模（学区），大規模（州制度）の3レベルで述べます。本章では，転換プロセスを促進する助けになる変化の原則を示します。さらに，転換のための努力を成功へと導くための「よくある質問」を記載しました。

5章では，連邦政府が学校制度の転換を加速する政策を提案します。すなわち，新たなテクノロジ・ツールの開発支援，ベスト・プラクティスの試行，州として変化を促す力をつけること，パラダイム転換に関する知識を深めることです。これらの4つの政策のいずれにも，段階的なアプローチを推奨します。

さらに詳しい情報は，http://www.reinventingschools.net/ および http://www.reigeluth.wixsite.com/paradigmchange/ をご覧ください。

謝辞

　ジョニー・ブラウンにはその素晴らしい編集に対し，特に感謝の意を表します。初期の原稿に意見を寄せてくれたシーナム・アスラン，ダグ・ダブラー，プラティマ・ダッタ，ホー・ヨン，イ・ダバエ，クルト・リヒター，サニー・リー・ワトソン，ビル・ワトソンに心からの感謝をささげます。学校制度に関する調査に協力してくれたエデュビジョンズ（EdVisions）のダグ・トーマス，チュガッチ学校区のボブ・クラムリー，ブルーミントン・モンテッソーリ学校のキャシー・フリックに感謝の意を表します。この本の装丁をしてくれたキム・ミギョンにも感謝の気持ちを伝えたいと思います。最後に，社会と教育システムのパラダイム転換について，価値ある示唆の数々を引用させていただいた，アルビン・トフラーをはじめとする多くの著者に感謝を申し上げたいと思います。

1 本質的な変化のために

米国の教育システムはさまざまな理由から批判されています。例えば，

- 諸外国と比べて生徒の成績が見劣りすること。
- 多くの子どもたちや学校が，標準テストで低い点数にとどまっていること。
- 大学やカレッジへの入学準備が不十分であること。
- STEM（科学，テクノロジ，エンジニアリング，数学）への取り組みの遅れ。
- 恵まれない家庭の子どもたちの多くが，質の高い教育を受けられず，不平等な状況にあること。

こうした問題を解決するため，政治家や教師たちは，学校を変えるべく長い間努力してきましたが，望ましい結果を得ることはできませんでした。彼らのアプローチは，学校の基本構造にメスを入れるようなものではなかったのです。しかし，その基本構造こそが元凶だとしたら？

少数のニーズに応えること

私たちが思うに，米国の学校のほとんどが，生徒たちの教育ニーズに応える構造にはなっていません。これは言い過ぎでしょうか？ 学校が学びの場になっていない，そんなことがあり得るのでしょうか？ それこそが，学校というものの「仕事」だというのに。

私たちの教育システムの現状がどうなっているのかを考えてみましょう。

- 教室にいるすべての生徒が，同じ時間に同じ教材を使った指導を受けます。進度はクラスの中間レベルに合わせられます。
- ゆっくり理解する生徒たちが授業内容のすべてを理解することはありません。それが学習のギャップの原因となり，彼らの将来の学習をも危うくします。
- テストの目的は，生徒どうしを比較することにあって，到達度や生徒のパフォーマンスを確認することではありません。
- "単位のインフレ"，つまり，誰にでもいい成績をあげているのではないかという批判を避けるため，教師はしばしば試験時間を短く区切ります。それはまた，賢い生徒とゆっくりな生徒とを区別しやすくもしています。
- 通知表には科目や単位が記録されます。けれども，生徒が何を実際に学んだのか，何を学ぶ必要がまだあるのかを示してはいません。

このような惨状に巻き込まれてしまった学校関係者を紹介しましょう。[★1]

ハイスクールの優秀な生徒，サマンサ

「学校は退屈ね。何を学ぶのか選べないもの。学びたいことがいっぱいあるのに，学校だとくだらないことを学ばなくちゃいけないし。私にとって重要なことが（学校だと）学べないから，家でよくGoogleを使ってる。学校では"それなり"にやってるわ」。

ミドルスクールで課題を抱えている生徒，ジェレミー

「学校は嫌いだ。意地の悪いやつらもいるしね。ただ一つましなことは，（学校で）友だちに会えることくらいかな。先生が何を話しているのかほとんどわからないし…だからたいていの時間は聞いてないよ。先生たちも僕のことなんかほったらかしだから」。

★1 ここに示した人々と言葉は，さまざまな人々が示した見解を要約の形でまとめたものです。

1 ── 本質的な変化のために

7年生（中学校1年生）を担当する教師，ロバート

「私が教師になったのは私自身が7年生の時の担任だったパーカー先生の影響です。私をよく見てくれていて，がんばろうという気持ちを引き出してくれました。彼のような先生がもっといてくれればいいのに，と願ったものです。だから私は教師になると決めたのです。ですが，今はとても苛立ちを覚えています。124人もの生徒たちを抱えながら，彼らに接する時間が1日に40分しかありません。これでは，生徒を理解するのは困難と言わざるを得ません。生徒のことをある程度つかみかけた頃には，彼らは8年生に進級してしまいます。加えて，標準テストの対策に多くの時間を割かなければなりません。生徒たちのやる気を引き出したり，彼らの人生に役に立つような教育を実践するのはとても難しいことです。仕事は持ち帰って家でしていますが，家には2人の子どもがいます。自分の子どもたちと生徒たちとの狭間で私は途方に暮れています。このままだと，燃え尽きてしまう気がします。9時から5時まで働いて定時に上がれる仕事に魅かれるのは確かですが，今は転職のタイミングではないと思っています」。

保護者，サラ

「1年生の娘と4年生の息子の2人を学校に通わせています。息子のほうは，先生から何をすればいいのか具体的な指示や，締め切りを決めてもらえば，その枠の中でうまく物事をこなすことができます。心配なのは娘のアリシアのほうです。娘は，自分自身の世界，というか，彼女なりの価値観を持っているんです。そのことで，娘は，何をするにも他の子よりも余計に時間がかかります。ですが，娘はとても頭がいいし，創造性のある子なんです。本もたくさん読みますし，小さな数の足し算もわかります。でも，急かされるのが嫌で。娘は，物事にちゃんと取り組み，完璧に終わらせることで満足感を得るのが好きなんです。でも担任の先生はアリシアが終わらせる前に課題を提出させようとして。そのことがアリシアにとっては大きな不満なんです。あの子が学校嫌いにならないか心配。もしかしたら，学ぶこと自体嫌いになってしまうかもしれません。担任の先生も校長先生も，

よい方たちで，配慮はしてくださるんですが，今のところ，問題は何も解決していなくて。あの子の教育について，私が何らかの形でもっと関わっていくことができたらいいのに，と思っています」。

経営者，スティーヴン

「学校の教育は大丈夫なのか，と思ったりします。私は薬品関連の小さな会社を経営しています。若い人を雇うのですが，彼らには主体性や仕事に対する倫理観が欠けているように思います。また，問題解決や，チームで働くスキルが低いことにがっかりしています。学校の管理職や教育委員会のメンバーとこの問題に取り組もうとしたこともありますが，結局のところ，何の改善もされませんでした」。

ある州議会議員

「私たちの国が強い経済力を持てるよう，学校はグローバルに通用する競争力を持たねばなりません。学校自体が改善をなおざりにしている状況にあって，州政府としては，学校に対して改善を強制する必要があるのです。私たちが設定したより高い水準に対応するよう，学校に圧力をかけてきました。それから6年が経過したにもかかわらず，この施策はうまくいっていないのです。私たちはそれを憂慮しています。何か他にいい方法があるのか，皆目見当がつきません」。

現状の学校が完璧でないことは明らかですが，それにしても生徒たちの教育ニーズに応えるものになっていないと私たちが考えてしまう理由は何でしょうか。手始めに，全員が ─教育者，保護者，生徒たちも─ 納得できる具体的なことから検討してみましょう。子どもたちは異なるペース，異なる方法で学ぶということ。一人ひとりに異なる学習ニーズがあるということです。それにもかかわらず，学校は，あらかじめ決められた内容と学習の量を，一定の時間で教えることが一般的です。

この硬直化した集団学習の構造の中で，ジェレミーやアリシアのようなゆっ

くり取り組む学習者は，内容を理解し終わらないうちに，次の単元へと進まされてしまいます。その結果，彼らは多くの時間を無駄にし，ギャップを積み残していくのです。このギャップによって，後になって学ぶ内容との関連づけが彼らにはより難しくなってしまいます。一方，サマンサのように，はやく学ぶ学習者は退屈し，不満をつのらせます。サマンサはクラス全体の学習が彼女に追いつくのを待たなければなりませんし，彼女が新たな単元やスキルを学べたかもしれない時間を浪費させられるのです。学びの速い学習者が，他の学習者を待つ時間は，時間の浪費です。それは，地域社会や企業が強く求めている資質を無駄にしていることでもあるのです。

すべてのニーズに応えること

　すべての生徒たちのニーズに応えるため，すべての生徒が持続的に発達していくことを教育システムは可能にしなければなりません。今取り組んでいる教材が終わらないうちに生徒たちを先へ進ませたり，クラスの他の学習者が追いつくまで先を行く学習者を引き留めたりしてはいけないということです。ボーイスカウトがお手本になるでしょう。人々が実社会で使えるスキルを具体的に身につけることを保証するノウハウを持つ組織です。ボーイスカウトの活動は，メリットバッジ（技能章）を取得すると，次のメリットバッジへと続きます。等級による個々人の進捗は各自が到達したかどうかに基づいています。時間ではありません。

　時間ベースでの生徒の進捗は，到達度合いに変動をもたらします —何人かの生徒たちは置いていかれることになるでしょう。時間が不変項目で，学習が変動項目なのです。もう一つの考え方は，**到達ベースでの生徒の進捗**です。学習が不変項目で，時間が変動項目となります。このアプローチでは，生徒一人ひとりが能力基準に到達するために必要な時間を確保します。学習のシステムは，次のような特徴のもとでデザインされます。

・生徒が基準に到達する**までは**先に進ませないこと。

> **カーネギー単位の死**
>
> 　カーネギー単位，あるいは単位時間と呼ばれるものは，生徒の学習の標準的尺度として1900年代初頭に確立されました。中等教育では，1単位を120時間の授業あるいは教師と関わる時間としました。カーネギー単位は，学校や大学のあらゆる課程単位の標準となっているのです。生徒の学習量の指標としてつくられましたが，実際のところ測っているのは座っている時間です。
>
> 　単位を生み出したカーネギー教育振興財団は，時間以外で能力を測定する方法を調べるために2012年に新たな助成を受けました。
>
> 　このプロジェクト助成は，時間ベースの進捗モデルから学習ベースの進捗モデルへと変わる必要性への認識が広がりつつある兆候の一つです。カーネギー単位が学習を真に測定できるものに置き換わることになれば，教育を学習のためにデザインされたものへと変革する動きを後押しすることになるでしょう。

・生徒が基準に到達したらすぐに先へ進ませること。

　これはとても大きな（とてつもないほどの！）違いです ──パラダイムの転換だと言えるでしょう。すべての生徒が同時に同じ基準へ到達することを期待するシステムとは対照的に，真の意味で基準をベースとしたアプローチに変わることを意味します。

　学習中心のパラダイムは，米国の学校に大きな変革をもたらすものです。しかしながら，大半の人々にとっては ──ボーイスカウトよりも── お馴染みのものです。人々が学ぶ元来の方法だからです。この考え方はコンピュータ・ゲームにも使われています。プレイヤーはあるレベルをマスターするまで取り組み続け，マスターすると次のレベルへと進みます。より難しいレベルに行く前に，今のレベルをマスターすることは理にかなっています。マスターする前に次に進んでも失敗する原因になるからです。ところが，これこそが現在の時間ベースのパラダイムが持つ，教育の本質的構造の一部なのです。学校が，すべての子どもたちの助けになり，指導できるものになることを望むのであれば，より複雑な課題に進む前に目の前のレベルのスキルをマスターする機会が，すべて

> **パラダイムとは何か**
>
> 「パラダイム」という言葉は、さまざまな場面で使われています。以下のような例があります。
>
> **照明のパラダイム**：炎（ろうそくやクジラ油のランプ），電球，発光ダイオード（LED）
> **移動のパラダイム**：徒歩による移動，船，馬，鉄道，自動車，飛行機
> **家族のパラダイム**：部族制，大家族，核家族，一人親の家族，共稼ぎの家族
> **教育のパラダイム**：一部屋学校，現在の時間ベースの工場モデル，到達ベースのシステム
>
> **漸次的な変化**：1つのパラダイムの中での変化を指します。**パラダイム転換**は，1つのパラダイムから別のパラダイムに移り変わることを意味します。

の子どもたちに必要なのです。

時代遅れのビジネスニーズのために生徒たちが準備すること

　教師たちを非難する人がいます。今日の小学校やハイスクールに問題があるのは「あのダメ組合が教育の邪魔をしてるからだ」と。また，「もっとマシな校長はいないのか」と校長を非難する人たちもいます。保護者に対しては「親が子どもをちゃんと躾てないし，宿題もやらせていない」。生徒に対してすら「彼らは怠け者で何だっていいんだ」と。

　ありったけの非難を注意深く見てみると，その矛先は人々に対してではなく，**システム構造**に起因することに対して向けられていると気づかされます。生徒たちが生きていく世界に対して適切に準備できるためには，教育システムが今現在の社会の現実を反映している必要があります。

　現在の学校**パラダイム**はしばしば「工場モデル」と呼ばれています。1830年から1960年あたりにかけての工業時代に発達したものです。米国において，収入を得るもっとも一般的な手段が，農業から工場での労働へと置き換わった時

代です。

　工場以前の時代に目を向けてみましょう。狩猟採集の時代，自分たちの生存可能性を高めるために，あらゆる民族は若者を教育する責任がありました。農耕社会になると，大半の人々は農場に住み，働くようになりました。一部屋学校^(訳注1)での個別指導と徒弟制が，それまでの教育を置き換えていきました。農場で働くため，子どもたちに基本的な計算や読むスキルが必要になったのです。学年はなく，科目もなく，標準テストもありませんでした。地域コミュニティが必要としたのは学習ベースのシステムでした。固定された時間割の決まりきった指導ではなかったのです。年長の子どもが年下の子どもを支援するといったことも行われていました。

　工業時代はどうでしょう。移動システムでいえば，物資の輸送は船から鉄道に置き換えられました。馬は自動車に取って代わられました。働き方でいえば，数のうえで工場労働が農作業を上回りました。コミュニケーションでは電報，電話，ラジオが，町の広報やポニー・エクスプレス^(訳注2)を置き換えました。そして教育システムでは一部屋学校から，年齢あるいは学年で区切られた工場モデルへ

社会変化の波

　アルビン・トフラー（Alvin Toffler）は，社会のあらゆる領域に大規模なパラダイム転換を引き起こした3つの変化の波があったことを指摘しました。

　農業革命は，社会を狩猟採集から農業中心に変革しました。
　産業革命は，社会を農業から工業生産中心に変革しました。
　情報革命は，社会を工業生産から知識労働中心に変革しました。

　トフラーは，これらの波が生活のあらゆる側面に対して，いかに大きな変化をもたらしたのかを描いています。技術面（生産と富の配分），社会面（個人と役割の配分），情報面（情報の他の側面への配分），権力面（権力の行使）などが含まれます。教育はこれらの社会の変化すべてを受け止め，パラダイムを変化させてきました。

訳注1　すべての生徒が同じ部屋で学ぶ小規模な学校。
訳注2　馬が運ぶ速達郵便。

と変化し，今日でも使用されています。

　子どもたちを工場で仕事ができるようにするために，学校は生徒が指導や規律に従うように教える必要がありました。もっとも重要なレッスンはカリキュラムに明示されていない「隠れたカリキュラム」だったのです。『**第三の波**』の著者トフラーが「裏のカリキュラム」と呼んでいたものです。このカリキュラムのレッスン内容を見てみましょう。

- **服従すること**：言われたことをしなさい（着席して，静かにしなさい）。
- **時間を守ること**：課題を時間までに終わらせなさい。
- **持久力**：退屈な繰り返し作業に慣れなさい。
- **標準化**：仲間に合わせて同じことを同じように同じ時間で学びなさい。

　工業時代には，多くの人々が組み立てラインで働き，頭を使わない作業を繰り返していました。従業員の考えるスキルを洗練させるといったことを，雇用者は必要ともせず，望みもしませんでした。つまり，すべての生徒を高いレベルに教育する必要はなく，望まれてもいなかったのです。しかも，大半の公教育制度にとっては，コストがかかりすぎました。

　雇用する側の人たちが求めていた教育システムとは，大半の生徒が工場労働のために準備し，選抜された一部の生徒たちが高等教育に進み，経営者や専門家になるシステムです。工業時代の教育制度はうってつけでした。単純作業に向いた者と，経営や専門的な仕事に向いた者に選別し，生徒たちを効率的に序列化したのです。

　工業時代のパラダイムは，その本質において多くの子どもたちを置いてきぼりにするようにデザインされています。工業時代の教育パラダイムを維持する限り，NCLB[訳注3]は，決して成功しません。時間ベースの生徒の進捗モデルは，多くの生徒が教材を本当に学ぶ（言い換えれば標準をマスターする）ことがないまま進ませてしまうからです。

　この序列化の仕組みは成績制度によってももたらされます。教師は相対評価

訳注3　No Child Left Behind（落ちこぼれゼロ法）。

> **テストのパラダイム**
>
> **集団準拠**テストは，生徒どうしを比較するためのものです。成績はクラスの中の他の生徒と比べてどの程度なのかを示します。したがって，生物学でＢ評価をとったとしても，学校によっては，かなり異なるレベルのパフォーマンスを意味することがあるのです。
>
> それに対して，**目標準拠**テストは，生徒が一定の能力水準に届いているのかどうかを保証します。成績は，そのトピックの内容をどの程度学べたのかを意味します。

で成績をつけることがあります。そうなると生徒の成績は，グループ全体の成果によって調整され決まります。つまり，成績が実際の正解・不正解の割合を保証することなく，Ａ評価をとる生徒や，Ｆ評価が下されてしまう生徒たちが出てしまうのです。このことは，「集団準拠テスト」として知られています（「テストのパラダイム」の囲み参照）。

工業時代の黎明期に，教育において完全なパラダイム転換が起きました。地域コミュニティが，農場から工場を中心としたものへと劇的に変化したからです。その結果，教育のニーズは，隠れたカリキュラム，高次のリテラシや数的スキルを含むものへと根本的に変わりました。

米国は現在，ポスト工業時代にいます。工業時代とは根本的に異なるものです。この違いは教育ニーズに対して新たな根本的変化をもたらすほどのものでしょうか？ もしそうであるなら，もう一度，教育に**パラダイム**転換が必要だと言えるでしょう。

情報時代の本質を探る

工業時代において国家が求めていた労働・教育ニーズは，当時普及したテクノロジである機械が形づくったと言えます。工業時代の特徴には，標準化，画一化，対立的な関係，官僚主義，独裁的なリーダーシップ，統制，遵守，専門サービスと専門分化といったものがあります。この節では，これらの特徴が，今日の情報ベースの社会でいかに変容しているか提示します。そしてそれらの変

容が，教育および人生の準備に対してどのような意味を持つのか指摘します。

標準化からカスタム化へ

　工業時代の最盛期，米国は工場労働者をもっとも多く抱えていました。大量生産（組み立てライン），マス・コミュニケーション（新聞，ラジオ，テレビ局），マス・マーケティング（マスコミ経由の広告）に私たちの社会は独占されていました。標準化こそが，すべてでした。

　ヘンリー・フォードはT型フォードについて「どんな色も手に入れることができますよ。あなたが望む色が黒であればね」と言いました。一方で，情報時代の今は，パーソナライズされたラジオサービスのPandoraのように，リスナー一人ひとりの好みに応じて配信曲がカスタム化されます。今日の消費者は，自身の個人的なニーズや好みに合致した商品を求めています。携帯電話，フェイスブック，ツィッターはカスタム化されたコミュニケーションの道具として，ますます便利になっています。インターネット・ブラウザに組み込まれた「クッキー」は，カスタマイズされたマーケティングのために有用な情報を企業に提供しています。今日の私たちの生活やあらゆる産業のどの面を見ても，標準化はカスタム化へと置き換わったのです。

　しかしながら，学校は，カスタム化がほとんど見られません。同じクラスにいる生徒たちは同じ内容を，同じ時間，同じペースで学ぶことを求められます。

学力差の再定義

　学力差は一般的に，パフォーマンスの高い生徒と低い生徒との間のギャップだとされています。これは工業時代の考え方であり，すべての生徒が同じタイミングで同じレベルに到達する意識の表れです。異なるペースで学ぶ生徒たちにとって，この考え方は必然的に，先行く学習者を引き留めることになります。

　情報時代の考え方では，学力差が意味するのは，どのくらい学習者が学んでいるのかと，どのくらい学習者が**学ぶことができるのか**のギャップです。もっとも平等が保証された状態は，すべての生徒たちが各自のポテンシャルに到達することです。それが真の意味での「落ちこぼれをなくす」ことなのです。

さらに，すべての教師もまた，同じ時間で同じ専門研修を受けています。すでに学んだことなのかどうか，研修がニーズ（これ自体，社会がより深く情報化するにつれ，変化しはじめていますが）にマッチしているのかどうかはお構いなしです。標準テストはすべての生徒たちに同じタイミングで同じ能力を評価しています。米国の大部分の公立の小学校とハイスクールはカスタム化されることなく，今なお標準化されたままです。

単一性から多様性へ

　工業時代の最盛期である1930年代から1940年代，多くの人々の見分けはつきませんでした。当時の混雑する街中の様子を写真で見れば，ほとんどの人たちが同じような服装をし，同じような車（黒のT型フォード！）に乗り，同じような髪型をしていたことが目に入るでしょう。しかし，人々がこのように見えたり，振るまうような集団はもはや見当たりません！　いまや人々の服装，運転する車，髪型には，無限とも言えるバリエーションがあります。生活の多くの側面で単一性は多様性に置き換わったのです。アカデミックな環境や職場環境においては特にそうです。今や雇用者たちは，物の見方やスキルに多様性があることが，大きなアドバンテージになると考えています。

　同様に，今日の教室では，生徒の多様性がこれまでなかったほどに広がっています。つまり，教室の中の一人ひとりはこれまで以上に異なる方法やペースで学ぶということです。問題はありません。なぜなら，労働市場はより多様なスキルを持った人材を必要としているからです。近年，指導の個別化や教育的介入への反応（RTI：Response to Intervention）への関心が高まっているにもかかわらず，米国の公立の小学校やハイスクールでは相変わらず，単一性に注目しています。多様性を受け入れたり，促進することよりもむしろ，教師たちはクラスのすべての生徒が同じことを同じペースで学ぶことを期待しているのです。

対立から協働的な関係へ

　競争と協働は反対のものだと考える人がいます。しかしながら，今日の地域

コミュニティでは，競争が協働に置き換わることはありません。情報時代において，競争が以前と比べて重要でなくなることや，少なくなることはありません。それどころか，グローバル市場や消費者ニーズの多様化は，競争を激化させています。しかし，情報時代を生きていくうえで，**対立的な関係**は協働的な関係へと取って代わられていくでしょう。

例えば，工業時代では労働者のストライキはよくあることでした。労働者と雇用者の関係は典型的な対立関係です。現在，ストライキは減少しつつあります。もっとも一般的な労働形態が単純労働から知識労働へと置き換わった結果，従業員の持っている知識こそもっとも価値あるものだということに企業が気づきはじめたからです。力のある知識労働者を置き換えることは難しいため，企業による従業員の職能開発への投資が増加しています。従業員との絆を大事にし，待遇が改善されているのです。2010年だけでも，民間企業の職員トレーニングへの投資は528億ドルに上りました。[★2]

工業時代において対立関係は学校においてもよく見られるものでした。教師によるストライキは当たり前のものでしたし，教師と生徒たちの関係は少なくとも多くの生徒からすれば，今なお対立関係と見なされています。映画「**フェリスはある朝突然に**」や「先生！子どもたちを放っておいて」[訳注4]の歌詞に描かれている通りです。事実，教師の中には，誰が自分で答えを見つけられるのか把握するため，わざわざ生徒たちから情報を隠す人もいます。

大教室の場合，対立的な雰囲気はさらに助長されます。ハイスクールの教師は一般的に，学期ごとに100人から150人の生徒を担当します。25人から30人をひとまとまりとして1日につき40分ほど顔を合わせる計算です。そうなると匿名性は拭い去りようもなく，(協働的な関係の代わりに) 対立的な関係が強化される方向に働きます。

教師と保護者の関係はどうでしょうか？　工業時代では，生徒－教師間，教師－管理職間と同様に，対立的になることも少なくありません。いくつかの学校では改善の兆しがあるといっても，多くの保護者はわが子が通う学校から歓迎

★2　www.nwlink.com/~donclark/hrd/trainsta.html
訳注4　ピンク・フロイドのヒット曲の歌詞。

されていないと感じ，教師たちは保護者の関与や支援が欠けていることに落胆しています。さらに，教育委員会と管理職の間でも，現在のシステムの中では，やはり対立関係になることがあります。多くの教育委員会が厳密な監督のもとで事細かに管理していることからしても，管理職を信頼していないことは明らかです。

　こうした工業時代の特徴は，変わりはじめているところもあります。しかしながら，米国内の多くの学校システムは残念ながらいまだに対立関係にあるとみなされ，生産的かつ協働的なものではないようです。生徒，教師，保護者，管理職，理事会の間のコアな部分の関係性が対立から協働へと変化していかなければ，教育システムは急速に機能不全に陥るでしょう。

官僚制からチーム制へ

　工業時代に意思決定する際のもっとも一般的な組織構造が官僚制でした。しかしながら官僚制は意思決定にとても時間がかかります。なぜなら，あらゆるレベルの官僚に情報を上げるまでや，決定事項を「前線」に下達させるまでに時間がかかるからです。とは言え，このシステムは物事が変革するペースが比較的ゆっくりなうちはうまく機能していました。それが24時間，即座にコミュニケーションがとれる今日の世界では通用しないのです。情報時代になり，市場の変化する速度は増しています。反応の遅い企業は競争においてきわめて不利になる可能性があります。企業はより素早く対応するために，自ら意思決定する自由と，それに伴う結果への責任を負う比較的自律したチームをつくっています。

　同様に，工業時代の教育パラダイムは（そして今もなお），官僚制のもとで運営される大規模学区への統合によって特徴づけられます。このシステムは，教室内で増大していく生徒の多様性に教師が素早く対応することを難しくしています。しかし，現場ベースのマネジメント，意思決定の共有，チーム・ティーチングといった動きがあります。これらは，ビジネス界の戦略を参考にしながら，官僚的な教育制度が新たなチームベースの組織へと変化する必要性が認知されつつある兆しと言えます。

独裁からリーダーシップの共有へ

　官僚制度は独裁的・専制的になる傾向があります。この組織構造ではトップにいる官僚がもっとも有能であり，組織全体のために適切な意思決定をすることが仮定されています。そして前線にいる労働者がきわめて単純な作業を効果的にこなすことでうまく機能しました。しかし，もはやこうはいきません。複雑かつ変化の速い知識労働のために，前線の労働者こそがもっとも有能な個人として，プロダクトの設計，生産，マーケティングに対する重大な意思決定に携わることもしばしばです。意思決定とリーダーシップの分散は，従来の伝統的な組織に比べて大きな利点をもたらします。

　教育の世界においても同様です。生徒の多様性の増大，複雑かつ多様なテクノロジーによる学習支援，生徒にあわせて学習経験をカスタマイズするニーズの高まりに対しては，意思決定の分散が手だてとなるのです。教師，保護者，生徒たち自身が指導と学習の意思決定の一部を担うことは，これまでになかったメリットを生むことでしょう。

中央管理から説明責任を伴った自律性へ

　官僚組織，独裁的なリーダーシップ，標準化はすべて，中央管理を強化する道具です。相互に体系的に結びついており，互いに補い合う関係でもあります。この基本的な特徴**相互依存性**は，どんなパラダイムにも内在しています。一方，自律的なユニットであっても，官僚制や独裁的なリーダーシップを持ち得ます。つまり，中央管理と自律性は他と区別できる特性です。問題なのは，大きなシステムにおける集中管理は官僚制を必要としており，その官僚組織は変化のスピードが速くなる中でゆっくりとしか対応できないということです。

　チームベースの組織にはコントロールの分散化，いわゆる**自律性**が必要です。そして，チームは自分たちの成果に対して責任を負うことが求められます。トーマス・マローンによれば，職場の環境は「命令と統制」から「コーディネートと育成（Cultivate）」へと変化が起きているとしています。リストラに取り組む企業のことを考えるとわかるでしょう。彼らは中間管理職を廃し，何段にもなった中央管理の制度を，高い自律性と結果に対する責任の伴ったチームに

置き換えています。

　米国の公教育制度は今なお，中央管理が特徴です。大きなシステムほど，その統制は中央に集中しています。しかしながら，大規模な地域ほど人口動態はさまざまです。それぞれの学校で，異なるニーズを持ったさまざまな生徒を抱えることになります。平等性はかつて，すべての生徒を同じように扱うことだとされてきました。しかし現在では，多様性が高まっているため，生徒のニーズに応えることが，平等性の確保には必要です。中央管理は，生徒個人のニーズに教師が対応できるように柔軟に対応する助けにはなりません。地域に応じたマネジメント，意思決定の分散，チャーター・スクール等はすべて，学校がより自律的かつ，より大きな結果責任を負う必要性を認識していることの表れです。

従順さから主体性へ

　工業時代，組み立てラインで働く労働者にとって，指示に従うことは重要なことでした。従順であることは，学校の「隠れたカリキュラム」において重要事項の一つでした。生徒たちに期待されたことは，着席し，静かにし，言われた通りすることでした。期待に背いたふるまいをする生徒たちは，この教育システムの中でうまくやっていくことはできなかったのです。

　インディアナ州リッチモンドにある工具屋の創立者は，教育委員会メンバーの立場から次のように述べました。私はかつて，ハイスクールでドロップアウトした生徒を雇い，旋盤の使い方を教え，従業員としてうまくやっていくことを見通すことができました。しかし現在，必要としているのは，品質サークル[★3]で活躍でき，コミュニケーションと問題解決のスキルがある人材です。指示待ちではなく，問題の解決とプロセスの改善に主体的に取り組む従業員なのです。

　学校の隠れたカリキュラムを従順さから，自主性と主体性へと変えていくには，教育システムの構造を根本的に変えていく必要があります。

★3　品質サークルとは，労働者（あるいは生徒たち）による自主的なグループです。一般的には監督者（または選ばれたチームリーダー）のリーダーシップのもとで活動します。業務に関連する問題の特定，分析，解決の仕方，組織のパフォーマンスを改善する方法を示すこと，従業員のやる気を引き出し，仕事の質を高める方法などのトレーニングをリーダーは受けています。

専門家によるサービスからセルフサービスへ

　工業時代は，ガソリンスタンドの従業員があなたの車に燃料を入れ，荷物係があなたのスーツケースを運び，会計士があなたの税金の書類を揃えるといったことが日常でした。現在，テクノロジを活用することにより，あなたは自分でガソリンを簡単に入れ，自分でスーツケースを転がし，税金の書類を自分でまとめ，日用品の精算を自分で行い，銀行取引を自分でしています。セルフサービスは日常のあらゆる面で当たり前になってきました。アルビン・トフラーが述べた情報時代の「プロシューマー」と同様です。商品やサービスの生産者であると同時に消費者でもあるのです。例えばウィキペディアは，ユーザーがつくり出した百科事典の一種です。ユーザーによって更新され，すべてのユーザーが無料で利用できます。

　教育では今なお，専門家（教師）によって「伝達」される学習が大半です。数十年前から DIY 本が実現していたセルフサービスによる学習を，インターネット，とりわけグーグルは，より速く，簡単に，安価に普及させたにもかかわらずです。**オープン教育リソース**（Open Educational Resources）はネット上にある無償のセルフサービスの学習ツールです。人々はほとんど何でもそれを使って学ぶことができます。無償でかつ価値のあるリソースが使えることは，教育にとってきわめて大きな意味を持っています。しかしながら，これらのツールは今日の学校では，使えないことがほとんどなのです。ほとんどの学校はインターネットアクセスを大幅に制限しています。非常に限られた生徒たちがごく少数のウェブサイトを，少数のコンピュータで，限られた時間にしかアクセスできないのです。

分割から全体へ

　官僚組織に共通する特徴の一つは，部門ごとの分業制です。企業には一般的に，商品開発，生産，マーケティング，販売，財務，購買などの部門があります。同様に，政府，病院，大学，さらには大規模な法律事務所なども部門から組織されています。地域の学校区もこのモデルに倣っています。大きな学区の中央事務所には部門がありますし，現実世界が学際的であるにもかかわらず，

学習の内容も一般的には教科に分けられています（数学，科学，社会など）。

　一方で，経済専門家のマイケル・ハマーとマイケル・チャンピーは，自らの業務プロセスを「リエンジニアリング」することで，効率や効果を大きく改善できることに企業は気づいていると言います。プロセスのリエンジニアリングには一般的に ①必要なスキルのすべてをカバーできるよう複数の部門から「ケース・チーム」のメンバーを編成することと，②チームで一緒にプロセス全体を進めていくこと，が含まれます。そうすることで，プロセス全体と個別パフォーマンスの両面で，時間，エラー，やり直し，支出を大きく低減することができます。ハマーとチャンピーが明らかにしたケース・ワーカー・ベースのプロセス（これは全体論的）は，組み立てライン（これは分割的）に比べて 10 倍速く，ミスの発生もより少ないのです。

　情報時代の学校には，生徒一人ひとりのために教育プロセスをリエンジニアリングするいくつかの方法があります。その一つは，担当教師全員でケース・チームをつくることです。もう一つは，学校で教えられるすべてのレベルにわたって，ある教師がある生徒にとってのガイドあるいはメンター役を果たすことです。こうしたイノベーションの事例は 3 章で紹介します。

　情報時代は工業時代よりずっと複雑です。この複雑さは社会のありとあらゆるシステムにあてはまります。経済，政府，企業，金融，健康保険，物流，コミュニケーション，そしてもちろん教育にもです。今日の問題を解決するために，「システム・ダイナミクス」の理解が求められています。物事がどのように相互に関連しているのかを知る必要があるのです。全体的あるいはシステム的に世界を見ることには大きな利点があります。分割化は単純だった機械の時代にはよい方法でした。しかし，今日では通用しません。機械的な思考はしばしば，2つに1つ（要素還元主義的）の物の見方をします。一方，システム思考は2つとも（拡張主義的）なアプローチをとります。

　工業時代と情報時代の違いを表 1.1 にまとめました。こうして並べて比較すると，教育パラダイムを現代の生徒，組織，地域社会に合うように変化させなければならないことを示すいくつかの方向性が見えてきます。

表1.1　2つの時代の特徴比較

工業時代	情報時代
標準化	カスタマイズ
単一性	多様性
競争的な関係	協働的な関係
官僚組織	チーム組織
独裁的なリーダーシップ	リーダーシップの共有
中央管理	エンパワーと責任
従うこと	主体性と自己主導性
専門家によるサービス	セルフサービス
分割論的（業務分担）	全体論的（課題の統合）

変わりゆく生徒の教育ニーズ

生徒たちの教育ニーズは，表1.1で見たような時代の変化による影響を特に受けています。生徒のニーズについておもだった変化をあげてみましょう。

1. **知識労働**：今日では，仕事の多くが肉体労働から知識労働に置き換えられてきました。工業時代にもっとも典型的な仕事が，農場労働から肉体労働へと置き換わったことと同じです。その結果，半世紀前に比べて，より多くの生徒たちがより高い教育を受けることが，米国がインドや中国などの他国の知識労働者たちと伍していくために必要なのです。米国では2004年に7万人が工学の学位を取得しましたが，インドでは35万人，中国では60万人が取得しています。「フラット」な世界では，グローバルに知識労働者間の競争が起きています。知識労働に対してもっとも準備できた者だけが，もっとも高い水準の暮らしを手に入れるのです。

2. **複雑さ**：工業時代，農耕時代と比べてあらゆるものごとが複雑になっています。金融，コミュニケーション，エンターテイメントのシステムまでもが，以前に比べると複雑化しました。友人の家にお邪魔してTVをちょっといじってみるだけでもわかるほどです！　今日の世界で活躍するには，工業時代にはなかった，より高いレベルの，そして異なった種類（高次思考

や問題解決スキル等）の教育が必要なのです。

3. **システム思考**：システム思考と，さまざまなシステムに内在するダイナミックな相互関係を理解することは，市民教育としてきわめて重要です。にもかかわらず現在の教育システムは，相互関連性の強さに言及することはなく，現実世界を個別の教科に脱文脈化・文節化しています。例えば，米国で消費される原油価格は，多くの要因の影響を受けます。原油の国際価格，天候が寒冷かどうか，自動車の燃費基準，温暖化への対応，代替エネルギー源の使用可能性，原油消費に関わる税金などが要因です。どれか一つの問題に着目するだけでは，欠落した不完全な像を描くことしかできないのです。

4. **スキルの多様性**：工業時代において，すべての生徒に同じことを指導することは役に立つことでした。しかしながら，生徒に同じスキルを身につけさせることは，すでに有意義ではなくなっています。労働市場が必要とするのは，膨大な異なる種類の知識とスキルです。生徒個人の資質を伸ばすことは，全員に同じことを学ぶよう強いるよりも，彼らと地域社会のニーズに合ったものになるでしょう。生徒たちを序列化することとも違います。なぜなら，序列化はすべての生徒に同じことを同じペースで教えることを前提としているからです。その結果，ゆっくり学ぶ生徒は落第します。そうではなく，生徒たちは異なることを，彼らの資質と関心に応じて教えられるのです。もちろん，共通知識は今なお重要ではありますが。

5. **コラボレーション**：企業などの組織では，他者とチームを組んで仕事をこなし，コミュニケーションがとれ，対立を解決できるような従業員を必要としています。工業時代の隠れたカリキュラムには，「協力してはいけません。それはカンニングです」といった部分もありました。それは，生徒たちが互いに助け合って学ぶと，生徒を比較することが難しくなるからです。しかし，情報時代の隠れたカリキュラムは，コラボレーションを促すものでなければならないのです。

6. **主体性**：雇用者たちは製造の現場であっても，そこで主体的に問題を発見し，解決できる人材を求めています。工業時代の隠れたカリキュラムは「座

りなさい，静かにしなさい，言われた通りにしなさい」であり，従うことがゴールでした。組み立てラインと官僚組織のヒエラルキーの中で従うことを企業は求めていたのであり，それは，工業時代には意味がありました。しかし，知識労働者には自主性と主体性が求められています。

　こうした新しい教育ニーズのもとで，良質な暮らしを得るためには，**全員に高いレベルの教育が必要です**。生徒を序列化するような学校制度ではうまくいかないのです。大半の子どもたちを狭い範囲の競争に追いやるのではなく，すべての子どもたちが自らのポテンシャルを発揮するには，学びにしっかり焦点をあてることが肝心です。今日の複雑かつ競争の激しい世界の中で，システム思考，問題解決，多様なスキルを伸ばし，コラボレーションと主体性を育む学校は，現状のパラダイムよりも生徒たちをずっと幸せかつ生産的にしてくれるでしょう。

　机上の空論ではありません。こうした新しいニーズはとても重要なことなので，多国籍企業と教育組織が Partnership for 21st Century Skills（P21）のもとに集い，新たなニーズに対応する方法を特定しようとしています。労働省（必要なスキル達成に関する長官委員会：SCANS），全米教育経済センター（米国の労働スキルに関する新委員会），全米教育委員会協会公教育センターなども，こうした新たなスキルが米国社会に必要不可欠であることに合意しています。

　教育制度において漸次的な改革は普通のこととして実行に移されます。それゆえに，パラダイム転換は，なじみが薄く，よりチャレンジングな変化の割には見逃されがちです。狩猟採集時代の教育パラダイムは，一族総出によるものでした（子どもを育てるのは村ぐるみ）。農耕時代では一部屋学校，徒弟制，個別指導でした。工業時代では工場モデルの学校でした。これらのパラダイムにはそれぞれに特徴があり，その運用を通して社会に貢献してきました。

　こうした大きな視点から見ると，情報時代へと移行が進むにつれて，**教育においてもパラダイム転換はいつか必ず起きる・起きなければならないという考えは理にかなっています**。時代遅れの教育システムではもはや，現実世界に対して適切に生徒たちを準備させられないのです。

- 教師たちに時代遅れのテクニックを身につけさせるためにどれだけの費用が投入されているでしょうか。
- 生徒たちは標準テストでどれだけ高い水準を達成すればよいのでしょうか。
- 教師に対する生徒の人数割合はどのくらい低くできるでしょうか。
- チャーター・スクールやバウチャー制によって，公立校はどのくらい競争に苦しめられているでしょうか。
- テクノロジはクラスにどの程度，導入されているでしょうか。

優秀な生徒たちを引き留める一方，時間が必要な生徒を置いてきぼりにし，すでに存在しない世界に対してすべての生徒を準備させるシステムは，支配的な教育パラダイムとして存続することはもう不可能です。

情報時代の教育パラダイムはすでに存在しています（3章参照）。それらはまだ一般的なパラダイムではないだけで，さらに発展させる必要があるのです。

Sカーブとパラダイム転換を理解する

パラダイムは「Sカーブ」と呼ばれる共通の発展パターンを持っています。そこから教育の新しいパラダイムがどの地点にいるのかを理解することができます。やや技術的ですが，このSカーブを理解することで，パラダイム転換の本質や課題を理解する助けになります。漸次的な改善とは大きく異なったものです。

工業時代のパラダイムは農業時代に比べてとても複雑なものでした。情報時代ではさらに複雑なものとなります。コミュニケーションのシステムで言えば，インターネットと携帯電話は，無線と電話に比べて複雑ですが，その無線と電話はポニーエクスプレスより複雑でした。教育においては，学習者中心のパラダイムは現在の工場モデルより複雑ですが，その工場モデルは一部屋学校より複雑なものでした。

あらゆるシステムは複雑さを増しながら進化します。生物，コミュニケーション，輸送，教育，その他諸々のすべてがそうです。システム（パラダイム）の**階層**が，より複雑なものへと進化していく一方で，**個々の**システムがより単純

1 ── 本質的な変化のために

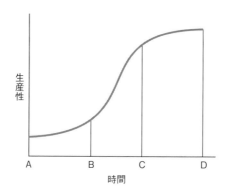

図1.1 漸次的な変化を見せるシステム開発のSカーブ

なものへと分解されること（エントロピーと呼びます）によってバランスが保たれます。万物に陰と陽があるように、創造の力と破壊の力があるのです。例えば小売業は情報時代においてより複雑なものになりました。アマゾンやコストコは複雑な運営と先進的なテクノロジを用いています。小売業がより複雑なものへと進化した一方で、ウールワース（米国のチェーン店）やサービスマーチャンダイザー（日用品問屋）といった進化しなかった個々の企業は撤退していきました。

では、どのようにシステムは発展するのでしょうか？ 飛行機のことを例に検討してみましょう。発明されたばかりの飛行機は、スピード、快適さ、距離、乗客数、安全性、信頼性といった今日の重要な指標からみて、通用するものではありませんでした。しかし、時が経ち、漸次的な変化がこの機械のパフォーマンスを改善していきました。改善のペースが速くなる時期があり、それからペースは落ち、飛行機が本質的に到達できるパフォーマンスの上限に至りました。

この発展のパターンを図1.1に示します。これが「Sカーブ」と呼ばれるものです。新しいシステムのパフォーマンスはそのポテンシャル（上限）より低いところからはじまります。初期には緩やかに向上します（図1.1のA点からB点）。それから急速な改善期間（B点からC点）を経て、最終的にその上限に

近づきます（C点からD点）。このSカーブに沿った向上は，**漸次的な変化**あるいは**改善**と呼びます。

　工業時代パラダイムの学校が発明され，一部屋学校を置き換えていった時（図1.1のA点），生徒の学習は1950年代（図1.1のC点）と比べると低いレベルの成果しかあげられていませんでした。教育改革が功を奏したのは1930年代から50年代（B点からC点）にかけてでした。しかし，その後の数十年，改革はシステム全体として，教育成果の改善にはつながっていません。その意味するところは，工業時代の教育パラダイムは上限に到達しつつあり，相当な投資（努力や資金）を改革に投入しても，システムのパフォーマンスとしては期待するだけの改善を生み出すことができないということです。

　システムの上限を超えてパフォーマンスを引き上げるには，より高い上限を持つ**新たなパラダイム**に転換しなければなりません。工業時代において，鉄道はもっとも一般的な輸送手段として，1950年代にはその上限に達しました。[★4] 上限を超えて向上するには，異なるパラダイムの開発が必要でした。飛行機が鉄道に取って代わったのです。新しいパラダイムは新たなSカーブで表すことができます。はじめは低い生産性レベルからはじまります（図1.2のE点）。飛行機の初期のパフォーマンスはE点の時点では鉄道より下回っていました。しかし，その上限（G点）では，スピード，距離，安全性，その他の観点から見て，鉄道よりもとても高くなっていたのです。

　教育の世界では，「研究ベースの指導法」は歓迎されます。しかしながら，このSカーブが示した通り，初期の発展段階では新たなパラダイムは古いパラダイムにかないません。その結果，研究自体が新たなパラダイムの将来性を棄却してしまう（ミス）リードすることがあります。飛行機と鉄道を比較した研究ならば，どんなものであってもF点より前であれば，「研究ベース」の輸送の結果として，飛行機を棄却します。いまのところ今日の教育改革の焦点は，研究ベースの方法なのです。

　Sカーブが示していることは，工業時代の教育パラダイムはその上限に達し

★4　サブシステムにおける新しいパラダイムは，飛行機にとってのジェットエンジンのように，システムの上限を引き上げることができます。高速鉄道が1950年代の鉄道の限界を超えて見せたのと同様です。

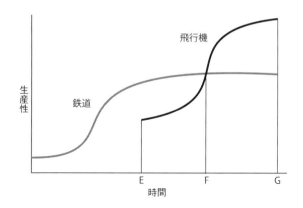

図1.2　輸送手段パラダイムにおける2つのSカーブ

ているということです。もちろん，私たちは**個々の**教育困難校に対して，漸次的な改善を行うことはできます。指導力不足の教師を交替させるといった方法です。しかし，指導力の高い教師はどこから困難校にやってきたのでしょうか。結局のところ，システム全体としては何も改善されていないのです。子どもに対する投資を現在の2倍にすることができたとしても，現在の教育システムでは，生徒の学習の改善はわずかなものにしかならないでしょう。

　それにしても，情報時代の教育パラダイムが工場モデルの学校を上回る時（図1.2のF点）は来るのでしょうか？ 3章で紹介している学校や付録Aに集録した（本書では割愛）多くの学校こそ，その答えが「イエス」である何よりの証拠です。特に標準テスト以外の創造性，主体性，コラボレーションのスキルや責任感に関してその傾向があります。そうしたことからも私たちは，将来の教育投資に関して，情報時代パラダイムの教育の導入と，その調査研究（R & D）に取り組み，改善していくべきだと考えているのです。

この章の要約

　現在の教育システムを改善する努力はなかなか実を結びません。今日の多くの学校はすべての生徒たちに学習を保障するよりも，生徒を序列化するように

デザインされています。

- 時間ベースの生徒の進捗モデルは，時間のかかる学習者が学習内容を学ぶ前に，次へ進むことを強います。時間を無駄にし，その後の学習をより困難にするギャップを生み出しています。
- 時間ベースの生徒の進捗モデルは，理解の早い学習者が学習内容を学んでも，待つことを強います。時間を無駄にし，退屈と失望のきっかけをつくっています。

教育は生徒の学習のためにデザインされなければならないのです。異なるパラダイムが求められています。

- 生徒の進捗は，学校あるいは特定の教科にどれだけの時間をかけたかではなく，学習の量（基準に到達したかどうか）に基づかなければなりません。
- 到達ベースかつ持続的な進捗による教育システムは，教師，生徒たち，テクノロジ，保護者も含めて，新たな役割を必要としています。

今日の教育システムにおける多くの学校は，いくらかの子どもたちを置いてきぼりにするようにデザインされています。

- 非難は人々に対してではなく，システムに対してのものです。
- 農耕時代では，一部屋学校が支配的な教育パラダイムでした。
- 工業時代では，工場モデルの学校が支配的な教育パラダイムでした。工場労働者が大部分だったために，従順で，時間を守り，体力があり，標準化された生徒たちを学校は育てる必要がありました。生徒たちは経営者になるか労働者になるか，そのポテンシャルによって序列化されました。
- 集団準拠型のテストは，生徒たちを序列化するためのものです。
- 情報時代に向けて，教育の新たなパラダイムが必要であり，必然でもあります。

1 —— 本質的な変化のために

パラダイムは変わりました。

- 情報時代の主な特徴は工業時代と対極にあります。その特徴は社会のあらゆるシステムの構造の深部に見受けられます。
- 情報時代システムの主な特徴には，カスタム化，多様性，コラボレーション，チームベースの組織構造，リーダーシップの共有，責任と権限，主体性と自己主導性，セルフサービス，全体論，システム思考などがあげられます。これらの特徴が新しい教育パラダイムを描く手助けになります。

米国は新たな教育システムを必要としています。

- 知識労働は工場労働が持っていた支配的な労働イメージを置き換えました。知識労働はかつての工場労働に比べて，より高いレベルの教育を多くの生徒に必要とします。
- 人生のあらゆる側面がより複雑になりました。世界の中で日々を切り抜けていくために，高いレベルの教育と，あらゆる人々のために思考することが求められています。
- 相互関係や因果のダイナミクスが生活のあらゆる側面の意思決定に影響を与えています。このことを理解しておくのは有益です。
- スキルの多様性は，専門化された分業体制にはきわめて重要です。一人ひとりのあらゆる才能を伸ばす教育システムを必要としています。
- 米国市民は現代生活をうまくやっていくために，コラボレーション，コミュニケーションをうまくする方法，対立を解消する方法を知らなければなりません。
- 指示待ちの姿勢ではなく，主体的に問題を特定し，解決する人が今日の価値ある労働者です。人々は自己主導型学習[訳注5]によって主体性を育みます。
- 漸次的な改善では新たな生徒のニーズに適切に対応することはできません。

訳注5 　自己主導型学習（Self-ditrected Learning）とは，学習者が学習の主体となり，自ら目標を持って学ぶこと。

まったく新しい教育パラダイムが必要です。

Sカーブはパラダイム転換を理解する助けになります。

- システムはより複雑な方向に進化します。
- どんなシステムの発達もSカーブをたどります。しだいに上限に達し，さらなるパフォーマンス改善のために新たなパラダイムを求めるようになります。
- 工場モデルとしての学校はすでに上限に達しています。これ以上の改良のために投資をしても，がっかりする結果しか得られません。
- 教育に対する投資は，時代遅れのモデルに対してよりも，情報時代のパラダイムの発達に向けてすべきです。

2
情報時代の教育ビジョン

　学習に焦点をあてた，到達ベースの教育パラダイムの実現は，コストをかけずに学校環境で効果をあげることができます。3章では，このようなパラダイムをすでに実施している一部の地域についてふれますが，新しいパラダイムを十分に実現するには，教育全般の役割，教師，学習者，保護者，学校管理者，さらにテクノロジの役割について，人々の大きな意識改革が求められます。基盤的改革における国の指導者である，フィリップ・シュレイティーが言うように，「学校が費やす時間，人材，そしてテクノロジの扱い方に大きな変化が求められる」のです。

　教育の新しいパラダイムは，学区域のコミュニティ，州レベルの教育システム，そして私たちの社会全般（「システム的環境」）の教育ニーズを満たす必要があります。これらのニーズを満たしていない場合，システム的環境が，新しい学校システムの財政面や生徒数，あるいはその双方を支えることはありません。地域社会の教育ニーズには，そこに属する生徒，保護者，雇用主，行政，公益事業を担う組織，リタイア組の市民をはじめその他多くの関係者のニーズが含まれます。

　そのため，新しい教育パラダイムの正しいビジョンは，今日の教育ニーズと情報時代の主要な特性に見合ったものである必要があります（1章参照）。

　この章では，情報時代のパラダイムにおける学校に向けて，主要な6つのアイデアを提案します。学習者に序列をつけるのではなく，学習者の学びに焦点を定め，しっかりした教育基盤を提供するものです。これにより学校は，現代

> **先生方へ**
> 「**あなたの指導は，教え学ぶことにおけるあなたの信念にそっていますか**」
> あなたは，多くの教師たちがそうであるように，子どもたちの人生に前向きな変化を生み出したいという思いがあったから教育の世界に入ったのでしょうか？ すべての子どもが学べるよう，学習を楽しむよう支援できると信じていましたか？ そして，もっと学びたくなるよう鼓舞できると信じていましたか？
> あなたはこれらの目標を達成していますか？ もしそうでないなら，達成の妨げになっているものは何でしょう？ おそらくそれは，工業時代のパラダイムという「システム」です。
> あなたが目標に到達することを可能にする仕組みを想像してみてください。その中核となる考えは，どんなものでしょうか？

の学習者のニーズやコミュニティのニーズに見合う学習に重点を置くようになります。6つのコアとなるアイデアは次の通りです。

1. 到達ベースのシステム
2. 学習者中心の指導
3. 21世紀型スキルを含む広がりのあるカリキュラム
4. 教師，学習者，保護者およびテクノロジの新たな役割
5. 調和ある人格を育む学校文化
6. 組織構造，選択，インセンティブ，意思決定のシステム

これらのコア・アイデアを実現した新しいパラダイムの学校は，現在の学校とは大きく異なるものとなるでしょう。とはいえ，多様性は情報時代の大きな特徴の一つです。これらのコア・アイデアは，新しいパラダイムにおいて，さまざまな方法で実現されると考えられます。

さらに，新しいパラダイムは，生徒たちが現代社会によりよく備えられるようになるだけでなく，現行のパラダイムに比べて費用対効果が高いものとなります。この章の最後でその理由についてふれることにします。

この章で示すビジョンは，完全な解決策というよりも，教育のために何が可能かを考えるきっかけとなるものです。ここで紹介されるすべての側面が，あらゆるコミュニティや学校に必要とは限りません。適さない場合もあるでしょう。このビジョンを提案する目的は，米国の公教育制度が，現行の工場モデルの限界をどのように越えられるのかを考えてもらうためです。

コア・アイデア１：到達ベースのシステム

何よりもまず，学びに焦点をあてた教育システムのためには，生徒の学習進度を時間ではなく，学習を基準に測るべきです。生徒の評価や記録は，生徒同士を比較するものではなく，彼らが実際に何を学んだかを示すべきものです。

学習進度

このコア・アイデアが運用されるとき，生徒一人ひとりが新しいトピックあるいはレベルに進むためには，到達基準を十分に満たすことが求められます。一定時間が経過したから，ほかの生徒がある程度の上達をみせたからという理由ではなくなるのです。習熟する前に先に進むことを強いられることはなく，基準を満たした者から個々に進むことになります。

これが本来の到達基準に則した教育アプローチであり，生徒の学びを最大限伸ばすには，このコア・アイデアは不可欠です。

テスト

学習者評価の目的は，生徒の学習を導くため（**形成的評価**），学業成績を証明するため（**総括的評価**）の２点です。現行の教育システムでみられる**集団準拠型の評価**は，学習者同士を比較するために用いられるもので，情報時代のパラダイムでは行われません。

形成的評価（コア・アイデア２「学習者中心の指導」でも後述）は，生徒一人ひとりのパフォーマンスへのフィードバックを即座に与え，手がかりやさまざまなガイダンスを示すことで，一人ひとりが成功や失敗から学べるようにし

ます。総括的評価は，特定のレベルや基準に学習者が到達したことを示すものです。パフォーマンスに基づく評価は，指導としっかりと結びついているため，試験のために学習時間が割かれることはありません。

　私たちが思い描く情報時代のパラダイムでは，すべての生徒たちは，学ぼうと試みたことは何であっても，学び終えることが求められます。これは，成果を収めるまですべての学習が続くということです。総括的評価は，包括的な知識や多くの学習領域を一度に評価するものではなく，単一の能力（あるいはその小さなまとまり）を個別に評価するものになります。学期で扱ったすべての範囲に対して，たった一度の大ざっぱな評価をしないということです。さらに，これらの小さな評価は，学びを証明するためだけでなく，学びを改善するために，自然かつシームレスに個別指導とつながっています。生徒たちは，各自の学習ニーズと進度に基づいて，準備ができた段階で試験を受けるのであり，カリキュラムや学校管理者，政策者，役人などが前もって設定したタイミングで試験を受けることはありません。

　生徒は，各教科で学んだことが評価されるだけでなく，現実世界のプロジェクトに対して，教科を横断して知識を適用する方法を理解しているかどうかも求められます。このアプローチにより生徒たちには，学んだことをさまざまな状況に適用することを通して，本質を十分につかむことが保証されます。教師にとっては，一人ひとりの教育的な発達について，より精度の高い全体像を得ることができます。

成績表

　総括的評価の結果は，生徒一人ひとりの達成記録に記述されます。テクノロジを基盤とする学習環境では，可能な場合，自動的に行われます。人の判断が必要な場合には，専門家が観察し，適切な観察ルーブリックを用いてモバイル端末で評価します。

　生徒の記録は自動的に保持・更新されます。達成項目は対応するポートフォリオ・アイテムとリンクされ，教師は裏づけ資料として適宜，利用できます。情報時代の成績表には，点数や記号などで示す評価は含まれません。その代わり

に，カーン・アカデミー（Khan Academy）のように，学習者が標準レベルのどの項目を達成したのかがわかるリストやマップが含まれます。カーン・アカデミーのウェブサイトには，算数から歴史，数多くのスキル訓練のための3,800点以上ものビデオなど無料利用できるコレクションと，即時フィードバック，能力評価，達成記録などが組み込まれています。

自分の子と他の子を比べたい保護者は，成績の代わりに達成レベルを比較できますが，ある生徒はある領域では他より進んでおり，別の領域では遅れていたりするものなので，自分の弱点を示されても子どもたちが傷つくことは少なくなります。情報時代のパラダイムでは，いかなる子どもも，学び始めたすべての学習でやがて成果をあげ，各々の動機づけと自尊心を大いに高めることになるのです。

コア・アイデア2：学習者中心の指導

到達ベースのシステムでは，個人の学習ニーズにそった指導が求められます。画一的ではない，カスタマイズされた教育ということです。そうすることで，プロジェクト型学習，協働学習，教育支援，特別な支援を要する子どもへの支援が効果を生むようになります。

カスタマイズ（またはパーソナライズされた）学習

到達ベースの学習進度は，カスタマイズ化された形式の一つです（**進度の個別化**）。しかし情報時代のパラダイムでは，さらに**カスタマイズされた学習内容**（**学習内容の個別化**）と**カスタマイズされた学習方法**（**学習方法の個別化**）が含まれます。

学習内容から取り上げます。情報時代のパラダイムでは，すべての生徒が教材の核心となる部分を学ぶことが求められます。これは通常，学習要件に照らして弱い箇所を重点的に取り組むことを含みます（**弱点補強学習**と呼びます）。それだけではありません。学習者が個人の才能や興味，長所を伸ばすために使える時間も十分にあります（**長所伸長学習**と呼びます）。情報時代のシステムは，

「2つに1つ」思考ではなく,「2つとも」思考です。学習の弱い部分と強い部分の双方を伸ばすアプローチなのです。

　学習方法についても見てみましょう。多元的知能の研究で有名なハワード・ガードナー（Howard Gardner）が次のように示しています。学習者には8種類の知能のプロファイルがあると考えられます。そのうちもっとも強い知能を,新しい知識,技能,態度を学ぶ際の「入口」として使用するのが効果的です。この考え方にならうと,学習方法は大きく2つの方法にカスタマイズすることができます。学習者によるプロジェクトの選択と,チュートリアルのカスタマイズです(両者ともにこのセクションで後述します)。プロジェクトの選択とチュートリアルは,多元的知能,学習者の興味,学習スタイル,そのほかの学習者の特性や嗜好によってカスタマイズされます。

　個別の学習計画（個別教育計画［IEPs］[1]とは重要な点で異なる）・**学習契約**は,カスタマイズ学習を計画・モニタリングするために必須のツールです。保護者,担当教師,生徒が定期的（およそ2,3か月ごとに）に話し合いの場を持ちます。次の期間のための新しい計画や契約を設けるとともに,前回の計画がどこまで達成されたかを振り返ります。保護者と生徒本人は計画を立てる際,学習目標や学習成果の決定にかなりの権限が与えられます。ただし,教師,地域社会,州,国は,生徒が適切な基準を満たすことを（モニタリングを通して）保証する権利と責務があります。なお,いつどの基準を満たすかについては,かなり柔軟に決めることができます。

　生徒が学習目標をどのように達成するのかについても,保護者は教師とともにプランニング・ミーティングで定めます。生徒の取り組みを支える役割を積極的に担うことを,保護者と教師の相互で確認します。個別の学習計画を作成し,管理するこのアプローチは,テクノロジの力を借りることで,費用対効果の高い方法で実施することができます。これについてはこの章の後半「コア・アイデア4：新たな役割」でまとめることにします。

★1　IEPsは主に特別支援教育で使われています。

プロジェクト型学習（Project-Based Learning）

　学習を真にカスタマイズするのであれば，生徒たちは，個々の興味やニーズに応じた異なる課題に取り組むことが許されるべきです。真正なプロジェクト（現実社会で起こりうるプロジェクト，あるいはそれに類似したもの）は，カスタマイズ学習に効果があります。学習を加速させるうえで欠くことのできない**内発的動機づけ**[★2]を高めるからです。また，プロジェクトは，現実的な状況への学習の転移を促進します。

　真正なプロジェクトでなくとも，よく練られた課題であれば，学習のカスタマイズに効果があります。モンテッソーリの幼稚園（3章参照）にみられるように，学習者本人が選んだ課題に何度も繰り返して取り組むことは，とりわけ年少の学習者には効果的です。習得することが，やる気を強く引き起こすのです。

　大半のプロジェクトは，真正であるために学際的であり，比較的長い期間の取り組みになります。年少の学習者では数日，年長者では数週間あるいは数か月ほどかかります。プロジェクトの中で，ガイダンスやコーチングを含む形成的評価は，教師あるいはシミュレーションや**セカンド・ライフ**のような「バーチャルな世界」を使ったテクノロジ・システムを通して与えられます。総括的評価は実施するにしても，生徒がプロジェクトを一人きりで行うのでない限り，プロジェクト活動に対する個人評価は，それほど大きな価値は持ちません。

　プロジェクトには，コミュニティを舞台にしたサービス型のプロジェクトや，コンピュータ・ベースのシミュレーションやバーチャル世界を舞台にするものがあります。中には，両方を兼ね合わせたプロジェクトをモバイル端末で行うものもあります（「2つとも」思考の一例でもあります）。

協働学習（Collaborative Learning）

　企業の知識労働の大半は，チームで行われます。仕事，地域社会，家庭生活を行ううえで，コラボレーションは重要です。学習の社会的側面を好む生徒に

★2　**内発的動機づけ**は学習者の内的要因から発する意欲で，成績，賞賛，金銭といった外からの要因でもたらされる**外発的動機づけ**と対照をなすものです。

とって，協働することは，強い動機づけになります。また，コラボレーションは，学習者が互いに学び合う貴重な機会でもあります。教師の指導を伴うチームによる学習は，生徒のチームワーク力や，意見の対立を解決する力を伸ばします。ただし，プロジェクトを一人で行うといった選択も時には認められます。

教育支援（Instructional Support）

コラボレーションをともなうプロジェクト型学習は，動機づけや現実社会への知識の適用を強力に促進します。しかしながら，チームによるプロジェクト活動には，4つの欠点があることが，指導経験から明らかになっています。

1. 一般的にはチームで成果物を仕上げ，チーム全体でその評価を成果物に基づいて受けます。この場合，すべての生徒がプロジェクトに関する重要な能力を学んだと保証するのは困難です。チームには，あまり学ばない怠け者がいることもあります。あるいは，チームは協働的（Collaborative）というより，協力的（Cooperative）に作業をすることがあります。つまり，作業を分担するため，各々違うものを学習しているのです。経験上，プロジェクトで意図されたすべてのことを学ぶ生徒はまずいません。学びの成果に基づいて学習者の進度を測るシステムでは，チームのメンバー各々が何を学んだかを正確に判断することが重要です。しかしながら，プロジェクト型学習では，これがなかなか難しいのです。
2. プロジェクトを通して利用するスキルや能力は，さまざまな状況に転移して活用する必要があるものです。特にそれは複雑な認知課題において求められます。しかし，プロジェクト型学習では，学習者は概して一つのスキルをプロジェクトの間で使うのは数回だけです。これでは，スキルを将来必要となる多くの状況で使えるようになるのは難しいでしょう。スキルの多くは，熟練したレベルに達するのに繰り返しの訓練が必要です。しかしながら，プロジェクト型学習ではこれがなかなか起こりません。
3. スキルの中には，考えずとも自動的に使えるようになる必要があるものがあります。課題に取り組む際に，より高次の思考のために認知処理にかか

る意識を空けておくためです。例えば，人が車の運転を初めて習う時，たいてい運転技術にものすごく集中し，目的地への行き方や安全運転に気を配ることができません。しばらく経つと自動的に運転するようになるので（考えずとも簡単に素早くなる），運転手は高次で方略的な思考に注意をより多く払えるようになります。プロジェクト型学習は，このような低次スキルが自動的に使えるようになるといったニーズに対応するものではありません。
4. プロジェクト型学習では，情報を検索したり，十分な指示やサポートがないために苦労したりと，学習者の時間の多くが無駄に使われることがあります。

　幸いなことに，プロジェクト型学習がもたらす利点を得ることは十分可能です。プロジェクトを実施する際，これら4つの問題を解決するために，適切な教育支援を行うのです。
　例えば，コンピュータ上のシミュレーションやバーチャル世界などを使って，生徒が何か新しいことを学ぶ必要が出てくるまで，チームで真正なプロジェクト活動に取り組めるようなシステムをつくる技術はすでに存在します。その際，プロジェクトは止まり，学習者それぞれに個別指導を提供するため，タブレット端末にバーチャル教師が登場したりします。そこで生徒は，スキルを伸ばしたり，知識や態度を身につけることを，まさにそのプロジェクトで使う際に学ぶことができます。このようなツールは，プロジェクト型学習用の**教育オーバーレイ**（instructional overlay）として知られています。なお，コンピュータでのチュートリアルやシミュレーションの代わりに，教師が支援することもできますが，デジタル・テクノロジを使うことで，支援コストを大きく抑えられます。
　研究によれば，人はスキルを学ぶ際，どうやるのか説明を受け，演示を見て，やってみて，即時にフィードバックが与えられる時にもっともよく習得します。教育オーバーレイは，生徒が新たに学ぶスキルを，現実社会で直面するかもしれないさまざまな状況に対して，一般化したり，転移したりできるように学ぶ

のを支援します。カーン・アカデミーの測定基準のように，能力が水準に達するまで，例えば連続して10回正しく使えるようになるまで，生徒は練習を繰り返します。その後，生徒は速やかにプロジェクトを再開して身につけたスキルを活用します。また次の学習ニーズに直面するまでプロジェクトは継続されます。このようにして，学習サイクルが繰り返されるのです。

　教育オーバーレイには次の多くの利点があります。

- フラストレーションと学習にかかる時間を少なくします。
- 生徒が学んだことを多様な状況に一般化できるようにします。
- 必要に応じて低次スキルの自動化を可能にします。
- チームベース，ホリスティックな学習環境下であっても，個人が何を学んだかを習得要件が保証します。構成主義の学習と直接指導の良いところの組み合わせです（情報時代の特徴である「2つとも」思考の一例）。

特別支援（Special Needs）

　情報時代のパラダイムは，特別な支援が必要な子どもたちへの配慮を，その根本的なデザインに組み込んでいます。このパラダイムでは，すべての子どもが特別です。教育は，すべての子どもたちのために個別化されます。すべての生徒が，その発達を注意深くモニタリングされます。彼らが必要とし，また受けるに足る，情緒面や知的面での配慮を受けます。認知的な障害を持つ子どもたちも，健康や医療の問題を抱えた子どもたちも，教育システムにしっかりと位置づけられ，他のすべての子どもたちと一緒に課題に取り組むのです。「コア・アイデア5：調和ある人格を育む学校文化」でふれますが，必要な時には専門スタッフが対応します。

コア・アイデア3：広がりのあるカリキュラム

　情報時代パラダイムの目標は，次のような人々を育てることにあります。

- 自分自身のため，家族のため，地域社会のために質の高い生活を築くことができる人々。
- 自国およびグローバル社会において良き市民であるために，歴史に関する知識，市民としての知識を持っている人々。
- 選択したキャリアで成功を収めるために，能力を活用できる人々。

これらの特性は，職業への準備だけでなく，家庭生活，市民としての責務，自己実現のすべてに適用されるものです。十分に機能を果たす教育システムは，子どもの発達のあらゆる側面に対応します。そして，人生を通して学び続けるために必要な，自己主導型の学習スキルと動機づけを生徒にもたらさなければなりません。

夢物語でしょうか？　それとも実現可能でしょうか？　答えを出す前に，すでに学校が実施するよう求められている，教科外のあらゆる事柄について考えてみてください。主要科目でさえ，教師はすべての生徒たちを学年の水準に到達させることができていません。それなのに，このような種々の学習すべてにも対応するよう教師に望んでもよいのでしょうか。工業時代のパラダイムではその構造上，生徒のニーズに応えるのは実際，ほぼ不可能でした。しかし情報時代の学校では，すでにこれらの追加された学習においても，主要教科においても申し分のない成果をあげています（3章参照）。

こうなると，どんな種類の学習が重要なのか，疑問に思う読者もいるかもしれません。

米国における報告書

米国労働省は，職場の劇的な変化がカリキュラムに重要な影響を持つという認識のもとで「America 2000」のためのSCANSレポート（Secretary's Commission on Achieving Necessary Skills）を委託し，1991年に公表しました。報告書を要約すると，初等・中等教育のカリキュラムは次の要素を含むべきであると提言しています。

- 読み書き，数学的演算，効果的な聴き方，話し方などの基礎力。
- 創造的に考える，意思決定，問題を解決する，見通しを持つなどの思考力。
- 責任感，自尊心，対人能力，自己管理能力，倫理観などの個人の資質。
- リソース，情報，テクノロジ，対人スキル，システム思考を使いこなす能力。

これを土台に，P21S（Partnership for 21st Century Skills）が 2009 年に発行した「**21 世紀型学習のためのフレームワーク**」では，次のように改訂し，カリキュラムの指針としました。

- 主要科目には，英語，読み書きなどの言語運用科目，外国語，芸術，数学，経済，科学，地理，歴史，政治，公民を含む。
- 21 世紀の教科横断テーマには，グローバル・アウェアネス[訳注1]，金融，経済，ビジネス，起業リテラシ，市民リテラシ，健康リテラシが含まれ，主要科目に編み込まれる。
- 学習とイノベーションのスキルには，創造性，批判的思考，課題解決のスキルだけでなく，コミュニケーションやコラボレーションのスキルも含む。
- 情報，メディア，そしてテクノロジのスキルには，情報リテラシ，メディア・リテラシ，コミュニケーション・リテラシを含む。
- 人生とキャリアのスキルには，柔軟性と順応性，自発性と自己主導，社会スキルと異文化スキル，生産性と説明責任，リーダーシップと責任感を含む。

その他の学習

個人の性質や**民主的価値観**の核心は，健全な民主主義と地域社会にとって重要です。ダニエル・ゴールマンは，人生における成功は，個人の知的発達（知能指数または IQ）よりも**情緒的発達**（感情指数または EQ）によるという見解を社会に広めました。

訳注 1　グローバル意識。

情緒面の発達は，社会の支出を抑えることができます（例えば，犯罪の減少や刑期の短縮）。個人，社会，国家の生活の質を向上させることにもつながります。薬物乱用や十代の妊娠，いじめ，その他の社会問題を減らすことが証明されているのです。情緒的発達が不十分な場合，「闘争か逃走（fight or flight）」反応を引き起こします。すなわち，学習を妨げたり，青少年犯罪や禁固刑の可能性を高めたり，貧困のサイクルが長引いたりします。

　より大きな規模では，感情的知性や民主主義的価値観の発達が不十分な場合，およそ間違いなく，国家的あるいは国際的な問題を引き起こします。エンロン事件，マドフの巨額詐欺事件，2008年の世界金融危機，その他の多くの不正行為，暴力，犯罪などがその例です。刑務所の囚人数は，小学3年生の読み能力の成績から予測できるというデータもあります。子どもたちをしっかり教育するほうが，彼らを投獄するよりも，ずっと費用がかからないのです。

　情緒面の発達や基本的価値観を育むことへの考慮のなさがもたらす，社会的・金銭的コストは驚くほど高いものです。情報時代の教育パラダイムでは，情緒・価値観の発達について，教師は一日中取り組みます。生徒間のやりとりの最中に指導の好機が訪れた時こそがカスタマイズされた学習経験となり，真正な状況のもとで指導がなされるのです。指導の好機は，学習時間を生徒たちから奪う，気を散らすものではありません。むしろ，学習経験の一部として期待され，評価されるべきものです。このような発達は，教師の目の届かない校庭よりも，教師の指導のある教室で，より効果的に起こるものです。

　最後に，**身体的発育**があります。運動や食生活を通して得られる，健全な身体発達の重要性は，ますます明らかになっています。

　情報時代のパラダイムは，人の発達のあらゆる側面を促進するという使命があり，ここまでに示したすべてのカリキュラム領域を組み入れています。教育分野でのシステム思考の先駆者であるベラ・バナシーによれば，学習における社会文化的，倫理的，道徳的，身体的／心的／精神的な健全性，経済，政治，科学／技術，美的な側面が含まれます。ただし，カリキュラムの具体的な詳細は，学問の進歩や，生徒のニーズ，社会の価値観の変化に合わせていく必要があります。

情報時代のカリキュラムは，生徒たちが重要な概念や原理をしっかり理解し，それを現実社会の問題や場面に適用できるようにするものでなければなりません。対象となる能力の大半は，どの生徒に対しても同じですが，その他のものは，個々の生徒のニーズ，性質，興味，熱意によって異なります。個別の学習計画やカスタマイズされた指導法が，個別の学習ニーズや学習スタイルへの対応を保証します。

コア・アイデア4：新たな役割

学習者中心の指導では，教師，生徒，保護者だけでなく，テクノロジや他の学習リソースまでも，工業時代のシステムとは大きく異なる役割を果たすことが求められます。

教師

情報時代のパラダイムでは，教師は生徒を脅かす裁判官ではありません。生徒たちが困難に打ち勝てるよう支援するガイド役あるいはコーチです。これが，教師中心から学習者中心の教育への転換です。教師は「壇上の賢者」から「傍らで導く人」へと変わります。

情報時代の教育システムでは，教師は次の5つの役割を担います。

1. **メンター**
  モンテッソーリのシステムや，ミネソタ・ニュー・カントリー・スクール（3章参照）で行われているように，生徒の発達のあらゆる側面に関わるメンターが，数年の間，およそ20人から30人の学習者を受け持ちます。「子どもたちは，教師が何を考えているか気にする前に，教師が自分たちのことを気にかけていると考える必要がある」と言われます。メンターの役割の一つは，6～12週間続くプロジェクトの個別学習計画を生徒が立案する準備をすることです。適切な教育目標（地域社会，州，国が定めるスタンダードに従うもの）の選択を行えるよう生徒と保護者を支援します。そ

して，その目標を達成するために一番良い方法を見つける手助けをするのです。

2. **デザイナー**

主にプロジェクトや課題といった学習活動の選択肢を検討し，学習プロセスに生徒を引き込む役割です。この役割の大変さは，オープン教育リソースの活用により軽減できます。全国の教師が開発しているオープン教育リソースはインターネットを介し，すべての教育関係者に無料で提供されています。

3. **ファシリテーター**

学習の進み具合をモニタリングし，生徒の動機づけを高め，達成のためにコーチングするなど，学習プロセスがはかどるよう支援します。

4. **学習者**

教師は常に生徒とともに学び，生徒について学び，生徒から学び，生徒のために学んでいます。教師がすべての答えを持つのではなく，生徒が答えを探す支援をします。教師はまた，生徒のニーズを満たす最善の方法を絶えず学んでいます。情報時代のパラダイムでは，教師の学びのために十分な支援があります。

5. **学校のオーナーとマネージャー**

小さな事務所の弁護士や会計士などと同様に，教師たちは互いにパートナーとして，公立学校を所有し，予算や人事を含めた学校経営上の意思決定を行います（コア・アイデア6「組織構造」参照）。ミネソタ・ニュー・カントリー・スクールも同様です。教師の役割は，強力な官僚に管理される労働者ではなく，真のプロフェッショナルなレベルまで高められます。

教師は，このうちの秀でている1つか2つの役割を専門に扱います。これらの役割は，工場モデルの学校での教師の役割とは大きく異なります。そのため，「**教師**」という用語が，情報時代のシステムにおける役割の本質を誤って伝えてしまうことを危惧する人もいます。ここでの役割は，傍らで導く人といった表現に象徴されます。そこで，情報時代のパラダイムにおける教師を示す際は

「教師」の代わりに「**ガイド**」という用語を使うことにします。

生徒

情報時代のパラダイムにおける生徒は，従来の孤立した受け身の生徒としての役割に代わり，新しい3つの役割を担います。

1. 自己主導型の学習者

1章で述べた通り，情報時代で成功するには生涯学習が重要となり，それには自己主導型の学習が求められます。それゆえ，生徒たちは早い年齢で，自身の学習プロセスを管理する術を教えられなければなりません。モンテッソーリの学校では，3歳でこれを始めることを重視しています。生徒は目標を設定し，そこに到達する方法を計画することを学ぶ必要があります。どうしたらよく学べるのか，自分の学習スタイルにはどの学習方略やツールが適しているのか，どうしたら自分の学習スタイルはよくなるのかなどを理解することも含まれます。自己主導型の学習ができるようになるには，学習内容あるいは指導法について，ある程度の選択の自由が生徒に認められる必要があります。ガイドは，生徒がよい選択をできるようその能力を育む支援をします。

2. 教師としての学習者

「何かを学ぶ最善の方法は，それを教えることである」との格言があります。それを思うと，現代の学校でもっとも十分に活用されていないリソースは，生徒なのかもしれません。情報時代のパラダイムでは，プロジェクトに取り組むチームの中で，生徒は互いに教え合います。すでに能力が基準に達している生徒は，チューターやコーチとして，学習中の他の生徒を助けるのです。したがって，生徒のもう一つの新しい役割は，教師のような生徒です。すでに多くの学校で，こうした役割は取り入れられています。

3. 協働的な学習者

この章の「協働学習」で述べたように，生徒の新しい役割は協働的な学習者です。生徒たちが協力し合うとズルをしているとみなした工業時代とは

対照的です。新しいパラダイムでは，生徒がズルをせず学ぶよう新しい手法が使われます。仲間からどう学ぶか，仲間とどう学ぶかを学習することは，仕事や結婚などを含む人生のすべての面で役立つのです。

保護者

　情報時代のパラダイムでは，保護者はより積極的に子どもが何を学ぶかの決定に携わり，その学びの支援に関わります。子どもの学習を助けるために，保護者は具体的なガイダンスを利用できます。地元の動物園のイベントなどで聞くべき質問，子どもにどう答えたらよいか，休暇中に訪れたらよい場所や体験するとよいことなどです。また，子どもの学校の運営について助言を与えたりもします。新しいパラダイムでは，保護者とガイドは，真のパートナーなのです。

テクノロジとその他のリソース

　情報時代のパラダイムの教育を実現するためには，それに適した学習ツールを実現可能かつ費用対効果の高い方法で導入することが不可欠です（この章の最後に記した「費用対効果」を参照してください）。

　ある時代のツールとその時代そのものの関係を理解するために，工業時代の鉄道の役割を考えてみましょう。製造業は鉄道をなくてはならないものにしました。工場に大量の原料を運び入れ，できあがった製品を運び出すのに必要だったのです。一方で，鉄道を可能にしたのも製造業です。工業のプロセスとツールなくして鉄道をつくることはできませんでした。

　同じように，デジタル・テクノロジの活用により，情報時代は教育の新しいパラダイムを必要とするだけでなく，同時に，可能にもしているのです。実際，経理における表計算の活用から医療における画像技術まで，あらゆる産業にテクノロジが変革をもたらしています。

　情報時代のパラダイムでは，デジタル・テクノロジとハンズオン教材が中心的な役割を担います。現行の教師中心のパラダイムでは対照的に，どちらも補助的にしか使われていません。新しいシステムでは，デジタル・テクノロジは教師が使うためのものというより，主に生徒たちが使用するためのものです。

ここでは、情報時代においてテクノロジが果たす4つの主な役割をあげます。なお、これらの役割を説明するのに現在時制を使いますが、ここにあげるすべての役割を満たすテクノロジ・システムは今のところ見当たりません。

生徒の学習を記録する

すべての生徒が何を学んだか、その経過を追うことは、ガイドする立場にとっては悪夢とも言えます。学習者がラーニング・センター（ガイドから離れて―「コア・アイデア6：組織構造」参照）で多くのことを学んでいる場合などはなおさらでしょう。生徒が身につけた能力の記録をガイドがモニタリングするのに割く膨大な時間を節約するのに、テクノロジは申し分ない役割を果たします。テクノロジによる記録管理機能は、現行の成績表に取って代わるもので、3つの機能があります。

スタンダード記録には、教育スタンダードの必須項目（国、州、地域）と任意項目の両方が、能力ごとに細分化され、学習の道筋（学習区分が段階的になっている場合）に位置づけられています。ガイド、生徒、保護者はスタンダードに簡単にアクセスできます。このテクノロジ・ツールは、生徒が習得すべきあるいは習得できる学習領域のリストあるいはマップを示すとともに、学ぶことができるレベルや基準を示してくれます。

個人達成記録では、個々の生徒が何を知っているかが記録されます。つまり、この記録はスタンダードとしてあげられた各基準に対する生徒ごとの進度をマッピングしたものです。いつスタンダードに達したか、どのスタンダードを必要としているか、次に必要なスタンダードが何かを領域ごとに示したものです。この記録は、身につけた能力のエビデンス（成績データの要約と／あるいは学習成果物）にもリンクされています。

個人特性記録では、学習に影響を及ぼす生徒の特性を記録します。学習スタイル、多元的知能のプロファイル、興味、生活面の主要な出来事などです。

生徒の学習計画を立てる

個別の学習計画・学習契約を、すべての生徒ごとにつくり上げることはガイ

ドにとって大変なことです。幸いなことに，情報時代のパラダイムでは，テクノロジがこの役割を十分に果たしてくれます。テクノロジが果たす役割は，生徒，保護者，ガイドが行う次の作業を支援することです。

1. **長期的な目標を立てる**。
2. **オプションを検討する**。（個人達成記録に基づいて）現時点の生徒にとって手の届く全範囲を特定する。
3. **短期的な目標を立てる**。学習要件，長期的目標，興味，機会などに基づいて，短期的に取り組むオプションを選ぶ。
4. **プロジェクトを選ぶ**。短期的目標を達成するため，プロジェクトを一覧表から選ぶか，新たにデザインする。
5. **チームをつくる**。同じプロジェクトに興味を持つ生徒を見つけ，適切なチームメイトを選ぶ。
6. **役割を割り当てる**。ガイド，保護者，他の者が，生徒の学習をどのようにサポートするかを決める。
7. **学習契約をつくる**。目標，プロジェクト，チーム，役割，プロジェクトごとのスケジュールなどを学習プランとして具体化する。

情報時代の教育パラダイムの生徒は，実社会のように，時間の管理と期限を厳守することを学ばなくてはなりません。なお，新しいシステムでは，生徒がプロジェクトに使える時間は，抱えているプロジェクトの数によって柔軟に定められます。また，一定の期間内に行う生徒ごとの活動の量は，彼らの能力に基づいて調整されます。

学習活動を指導する
　工業時代のような教師中心の教え方では，25人の生徒たちがそれぞれ異なる内容を，それぞれのタイミングで学ぶのを指導することは大変困難でしょう。しかし，情報時代のパラダイムはその限りではありません。テクノロジを用いることで，プロジェクトを導入したり，プロジェクトでの指導・支援を行った

り，プロジェクトの運営を助けたり，新しいプロジェクトや指導・支援方法の開発を援助することもできます。これらはすべて，生徒間，生徒とガイドの関係の深まりを促す学習環境において実現されます。

プロジェクトへの導入　シミュレーション，仮想世界，魅力あるインタラクティブ・ビデオなどのテクノロジ（コンピュータやモバイル機器の使用）により，生徒（あるいは小規模なチーム）をプロジェクトに誘うことができます。プロジェクトを成功へと導くために，生徒によるプロジェクトの運用を支援するプログラムや，ガイドがプロジェクトの進捗を追跡するプログラムなどを使用できます。

指導・支援の提供　シミュレーション，チュートリアル，ドリル，調査ツール，コミュニケーション・ツールといった強力な教育ツールをテクノロジは提供することができます。これらはプロジェクトの学習を支え，生徒一人ひとりが到達基準に達するために自身でやってみる（練習する）時間を確保します（カーン・アカデミーの教育プログラムのようなもの）。これは基本的に，プロジェクト型学習における**教育オーバーレイ**（「コア・アイデア２：学習者中心の指導」を参照）です。具体的な目標（高次の思考スキル，深い理解，記憶，情緒面の発達など）ごとに，あるいは生徒の多様性（学習スタイル）に応じて，さまざまな教育支援が提供されています。プロジェクトの活動が学びをより楽しいものにする一方，教育オーバーレイは学習経験をより効果的かつ効率的にするだけでなく，生徒のフラストレーションの軽減にもつながるのです。

デジタル・ツールには，以下のような多くのメリットがあります。

- 静的なリソース（教材）に比べて，視聴覚に訴えるダイナミックさがあり，より多様な学習形式に適合する。
- 高い双方向性により，生徒のアクティブな学びや即時的なフィードバックを提供する。
- インターネットへのアクセスは，生徒やガイドを地理的制約や文化的境界を越えて結ぶ。学習環境を素晴らしく豊かなものにするだけでなく，同じ時間に同じ場所で学ぶという物理的な制約を取り除く。

- オンデマンドの教員研修が可能。現状では，教師へのサポートがほとんど行われていない農村地域でも可能になる。
- これらのツールは，ガイドがプロジェクトでの学習者の進み具合をモニタリングしたり，サポートする助けになる。生徒たちにとっても，自分たちの学習をモニタリングし，振り返ったり，時間管理を行う支援になる。

しかし，情報時代のパラダイムで使用されるテクノロジは，ハイテクのリソースだけではありません。数の学習で用いる算数ブロック，アルファベットの音と形を学ぶための文字ブロック（3章参照）など，実際に手にできるローテク・ハンズオンのリソースも，特に年齢の低い生徒には有効です。学習教材には，数名が一緒に使えるようデザインされているものがあります。生徒たちが一緒に活用し，互いの学び合いを促進したり，生徒間の結びつきを強めるようつくられています。ガイドは，生徒たちがリソースを使用する際，コーチングやチュータリングにより彼らを支援します。必要に応じて，ハイテクあるいはハンズオンの教材を補うために，直接指導を行います。

プロジェクト管理を支援する　テクノロジは，プロジェクトにおける生徒の進度をモニタリングしたり，支援したりするツールをガイドに提供します。生徒に対しても，自分たちの学習をモニタリングし，振り返り，時間管理を行うためのツールを提供します。

教材開発を支援する　テクノロジは，ガイドや他の担当者が新しいプロジェクトを開発したり，教育オーバーレイのための新たな道具を開発するためのツールも提供します。

ガイドとガイドのアシスタントやボランティアは，プロジェクトに従事したり，教育オーバーレイを生徒が利用する際のテクノロジ利用を支援します。テクノロジでは提供できない指導・支援を行います。

生徒の学習を評価する，生徒の学習のためになる評価

生徒たちが，それぞれ異なったタイミングで，異なった方法で能力を示している場面で，形成的評価や総括的評価を行うのは，ガイドにとって悪夢のよう

なものです。テクノロジは，この点で助けになります。

　教育オーバーレイは，それがシミュレーションであれ，チュートリアルやドリル演習であれ，テクノロジ・システムは，生徒に形成的なフィードバックを与えることと，さまざまな学習の習得基準を満たしているかの評価ができるように設計されています。

　例えば，直近の10項目を自力でできた際，水準に到達したパフォーマンスとみなし，総括的評価がなされます。該当する項目は，生徒の個人達成記録に到達したことが自動的に記録されます。これとは別に評価をすることはありません。練習がテストなので，テストのために割かれる多くの時間を省くことができます。テストと授業は完全に統合されているのです。

　双方向型のテクノロジでは，生徒のパフォーマンスを測ることができない場合があります。その場合，専門家が観察したうえで（デバイスを手に評価ルーブリックを使うなどしながら）評価を行い，フィードバックを与えます。携帯デバイスから入力した情報はコンピュータ・システムに自動的にアップロードされ，生徒の個人達成記録に保存されます。

　生徒に対する評価だけではなく，コンピュータ・システムは，教育ツール，ガイド，「学校」（私たちが知る今の学校とは大きく異なるので，新しいパラダイムでは学校とは呼ばないが）の質を自動的に分析します。これらの情報は形成的および総括的な目的に使われます。新しいパラダイムで学校がどう機能するかはコア・アイデア5と6で詳しく述べます。

　ガイドが評価を行い，その結果をスタンダード記録の適切な項目にリンクすることを支援するテクノロジもあります。現在，工業時代のパラダイムの中で，評価のために使われている生徒とガイドの時間を，コンピュータによるこれらの評価ツールが大幅に軽減します。

ツールを統合する

　テクノロジのこれら4つの役割および機能が継ぎ目なく統合されることを私たちは思い描いていますが，私たちの知る限り，このようなシステムはまだ開発されていません。記録管理ツールは学習計画ツールに対して，生徒が計画を

実行する際に役立つ教育ツールを特定するための情報を提供します。評価の過程は教育ツールに統合され，データは記録管理ツールに渡されます。生徒，保護者，ガイドは全員，生徒のプロジェクトや，スタンダード，学習契約に沿った個別達成項目などに関する進捗レポートに簡単にアクセスできます。

このように包括的な統合ツールを表す呼び名はありませんが，先ごろ，パーソナライズド統合教育システム（Personalized Integrated Educational System: PIES）という語が提案されました。これはいい名称ですね！

先に述べた主要な機能に加え，PIESには次のような機能や他の副次的な機能が実装されることを期待しています。

・電子メール，ブログ，ウェブサイト，掲示板，ウィキ，ホワイトボード，インスタント・メッセージ，ポッドキャスト，ビデオキャストなどのコミュニケーション機能。
・役割や情報の種類に応じて，情報へのアクセスと入力の権限を設定する機能。
・生徒の住所，保護者の情報，ガイド名およびクラスタ名[訳注2]，出席状況，保健情報など，生徒の全般的な情報を記録する機能。
・職場の住所，免状や受賞歴，教員研修の計画と記録，担当生徒のリスト（彼らの評価と受賞歴も含む），開発した教育ツールのリポジトリ[訳注3]など，教育者に関するリソースを集中管理する機能。
・願わくは，PIESがムードル（Moodle）[訳注4]のようなオープン・ソースのソフトウェアとなり，入手しやすくなること。

地域，学校，個人が，自分のニーズに合わせプログラムをカスタマイズしたり修正したりできて，さまざまな開発者から個別のニーズに対応するウェブ・アプリケーション（iPhoneのアプリのように）を組み入れられることが理想です。ユーザーは，自分のサイトの見た目と機能をカスタマイズできます。サ

訳注2　57ページの「クラスタとしての学校」参照。
訳注3　情報を保管するデータベース。
訳注4　主に大学で使用されている学習管理システム。

イトを流れる情報は，RSS フィードや電子メールのようにコントロール可能で，ブログや掲示板，PIES のチャットなども組み入れることができます。

テクノロジは情報時代の教育パラダイムの成功に対して，きわめて重要な役割を果たします。生徒の学習に飛躍的な向上をもたらし，工業時代のパラダイムよりも，生徒一人あたりの年間コストは低くなるでしょう（詳細は「費用対効果」で後述）。

コア・アイデア 5：調和ある人格を育む学校文化

情報時代の教育パラダイムは，思いやりと支援のある教育環境が特徴です。すなわち，小規模な学校サイズ，強い絆，複数年にわたるメンタリング，発達レベルによる異年齢混合グループ，楽しめる学習，ガイド自身の学び，家族支援が含まれます。学校の文化は，生徒とガイドの双方に大きな影響を及ぼします。

小規模な学校サイズ

規模の大きい学校は，生徒の疎外や敵対的な集団の形成，いじめなどを生み出す傾向があります。小規模な学校は，思いやりや感情的知性の発達を促す学習環境であり，運営経費も大規模校よりかかりません。しかし，大規模校には次のような利点があります。

- 図書館，メディア・センター，食堂，体育館，講堂などの共用施設に関するコスト低減。
- より多くの種類のコースを提供できること。

情報時代のパラダイムでは，大規模校が享受する共用施設のコスト節約については，小さな学習コミュニティの中心に共用施設を配置することで相殺されます。また，コースの多様性は，IT，オープン教育リソース，インターネットを介した双方向のマルチメディア・プログラムなどを使用することで補えます。

強い絆

　小さなクラスタ（学校）の規模に加え，新しいパラダイムでは各学習コミュニティが，生徒，ガイド，保護者，そしてより大きなコミュニティの間に強い絆を築くべく努力しています。多くの場合，協働プロジェクトや人間関係づくりを促す活動などを通して行われています。

複数年にわたるメンタリング

　ガイドと生徒は，子どもの発達の一段階（約 3, 4 年間）を通してペアを組みます。生徒は，各期間のメンターをある程度，自由に選択できます（コア・アイデア 6 の「選択」を参照）。お互いをよく知ることで，ガイドと生徒の間に思いやり，信頼，支え合いといった関係が育ちます。生徒のためにより広範かつ安定したサポートのネットワークを提供することができます。

発達レベルで分けられた異年齢混合グループ

　学校以外のあらゆる環境で，人々は年齢の異なる他者とつきあいます。年少者は年長者をお手本とし，年長者は年少者に対するある種の責任を引き受けます。多くの場合，年齢は人を結ぶ要素とはなりません。興味関心が人々を結びつけます。情報時代のパラダイムでは，ガイドは発達段階に応じた一定の幅の年齢層から，ほぼ同数の生徒を受け持ちます。

　発達の**第 1 レベル**は，新しいパラダイムでは出生の時点から始まります。すべての子どもがヘッドスタートの支援を受けるのです！ このレベルの学習は，親やきょうだいによって自宅で始めるか（保護者からの要望に応じて，ガイドと／または家族支援の専門家によるガイダンスのもとで），親と保育所のような環境（ガイドと／または家族支援の専門家が指導する若いアシスタントがつく）で始まります。

　家族支援には，自閉症の専門家や言語療法士などが含まれます。ガイドや家族支援の専門家は，必要に応じて保護者にアドバイスやリソースを与え，できる限り子育てを支援します（より詳しい情報は，教育の新しいパラダイムに統合されている「家族支援制度」で後述）。

発達の**第2レベル**は，モンテッソーリのシステム（3章を参照）が分けているように，およそ3歳から6歳の，物ごとを具象的に考える時期に当たります。情報時代パラダイムにおけるガイドは，多くの点でモンテッソーリの教育者に似ています。子どもたちの学習の大半はホームルームで行われます。ガイドと／またはアシスタントは，子どもたちが特定の種類の学習を追究するようになると，よくデザインされたハンズオン・リソース^{訳注5}を紹介します。面倒見のよい教育者は，子どもに大きな期待を抱き，充実した，全方位にわたる発達が促されるよう，保護者が望む範囲で保護者とのパートナーシップの下で取り組みます。ガイドは，子どもの教育的発達に保護者をよりいっそう巻き込むために必要に応じて働きかけます。学習環境は，子どもたちの発達段階に合った自然な形で自分のことは自分でできるように設計されます。

　発達の**第3レベル**は第2レベルによく似ていますが，児童（6歳から9歳）が自分たちの学習の計画や遂行により責任を持つ段階です。ガイドは，児童が具体的思考から抽象的思考へと移行することと，彼らの想像力に磨きをかけることを支援します。

　発達の**第4レベル**は，9歳から12歳，抽象的な思考を行う時期です。ガイドは，プロジェクトやその他の方法を通して，学習と外の世界とを結びつけます。児童の活動の多くはホームルームでなされますが，ラーニング・センター（コア・アイデア6で後述）に出かけたり，コミュニティ施設の利用（引率つき）もはじまります。

　発達の**第5レベル**は，12歳から15歳が該当します。第4レベルに似ていますが，ラーニング・センターやコミュニティ施設で生徒はより活動するようになります。そのため，ホームルームに置かれるリソースは少なめになり，話し合いの場所やデジタル機器を使用するワークスペースが増えます。ミニ経済を導入する学校もあります。ミニ経済とは，生徒が経済，起業家精神，行政について意欲的に学べるようデザインされた体験型の教育プログラムです。このプログラムを通して，生徒は現実世界を理解するとともに，自分たちのコミュニティに貢献できるようになります。

訳注5　体験型の教材やプログラム。

発達の**第6レベル**は，15歳から18歳です。設備は，ワークスペースがついた会議室のようになります。低い発達レベルで使うようなホームルームや活動のための教室とはまるで違います。学習内容の多くは，ラーニング・センターで行われます（コア・アイデア6で後述）。センター主催のセミナーやプロジェクト，個人指導のセッションなどが含まれます。生徒は小さなグループで活動することが多く，教科を横断した問題解決につながる知的な情報収集を伴うプロジェクト型学習が広く行われます。

　ガイドは，保護者とともに生徒の態度，価値観，倫理観も育てます。誠実さ，職業倫理，責任感，自発性，忍耐力は，このパラダイムにおいて価値のある特質です。生徒は，社会奉仕プロジェクトを修了することが求められます。ガイドは保護者と密な連携のもと，生徒の情緒的，社会的，創造的，心理的発達に対応します。生徒の発達上，注意が必要な点や，その後の発達を阻む問題を特定するだけでなく，保護者と一緒に，適切な自律訓練の計画を練り上げます。

　子どもの発達レベルは，スキルや学習内容による厳密なレベル分けがなされるわけではありません。子どもは，主に社会的，情緒的発達のレベルによって，一定のレベルに位置づけられます。しかし，その子どもは，一般より高い（あるいは低い）レベルの生徒が行うプロジェクトに取り組んでいる場合があります。つまり，「社会的な進度」と「認知学習の進度」は切り離されているのです。9歳の子どもがピア・グループを離れることなく，大学レベルの学習を行うことも可能です。同様に，他の子どもより早く発達する子がいることからみても，子どもの発達レベルは，年齢レベルを厳密に表すものではありません。

楽しめる学習

　知識労働が主流となり，複雑さをきわめる時代では，生涯学習が市民生活の質や健全な地域コミュニティにとってきわめて重要です。生涯学習は，学習に対する愛情によって促進されます。工業時代の教育パラダイムでは，多くの生徒が学ぶことを嫌っていました。勉強ができる者を軽んじたり，ばかにしたりする学校文化がありました。そのようなマインドセットや文化は，生涯学習を妨げます。

生涯学習は何年もの間，教育のキャッチフレーズでしたが，工業時代のパラダイムが内在的にそれを妨げてきました。しかし，情報時代のパラダイムは，生徒たちの中に学習に対する愛情を育みます。真正で興味をそそるプロジェクトや課題を通して，生徒の内発的動機づけを高めるのです。また，自己主導型学習のためのスキルをも高めます。

マクレランド（David McClelland）は，人間の3つの主要な動機（内発的動機づけ）を明らかにしています。情報時代パラダイムでは，これらを用いて生徒たちを学びへと促します。

- **達成欲求**は，到達ベースの生徒の発達により対応する。生徒はスタンダードに達した時点で，その項目に印をつけます。
- **所属欲求**は，協働作業のチーム学習によって対応する。
- **権力欲求**は，自己主導型学習によって対応する。

ガイド自身の学び

情報時代パラダイムでのガイドの役割の一つは，「学習者としてのガイド」です（コア・アイデア4で前述）。よいロール・モデルとして，ガイドは生涯学習を実践するのです。新しいパラダイムでは，生徒について知ることや，どのようにすれば彼らがもっともよく学ぶのかといった知識に比べると，学習内容に関する知識の重要性はずっと低くなります。学習は終わりのない旅です。そしてそのことが，教職という仕事をいつまでも新鮮でわくわくさせてくれます。新しいパラダイムでは，ガイドのためのあらゆる種類の学習を重視します。同じ発達レベルのガイド同士（2名あるいは数名で）でチームを組むこともあります。ガイドは互いに頻繁に学び合うことができます。

家族支援

家庭にさまざまなサービスを提供するために，学校は社会福祉機関と連携します。親業（parenting）に関するスキルの育成，親業へのアドバイス，子育て（childcare）支援（コア・アイデア6で後述する協同的な方法で），健康や福祉

に関わる問題の支援，子どものスポーツ・リーグの支援などです。学校制度は，地域の発展と福祉制度が融合した部分なのです。

コア・アイデア６：組織構造とインセンティブ

　工業時代の教育パラダイムは，トップダウン，官僚的な意思決定構造，コンプライアンス重視（すなわち教師と生徒の無力化），柔軟性のなさ，年功序列，政治的影響力，なきに等しい生徒やガイドの選択肢などにより支配されています。本節では，学校を再定義する組織構造について説明します。新しいパラダイムのもとで私たちが構想する組織構造や意思決定システムには，クラスタと呼ぶガイドが運営する小さな学校，ラーニング・センター，生徒とガイドの選択肢，家族支援制度との連携，「学びの協同組合」としての学校などが含まれます。

クラスタとしての学校

　医療や法律の専門職は，孤立して仕事にあたるより，同僚間で意見を求め合いながら働くことが多いものです。今日の教師と違い，他の専門職は，意味のある形で意思決定に加わり，自分たちが働く組織に対するコントロール権をいくらか持っています。同じように，情報時代パラダイムのガイドは一人ではありません。クラスタに所属し，自分たちのクラスタを所有・運営するのです。これは，監督モデル（労働者－経営陣）ではない，教えることの専門職としてのモデルです。このコンセプトは，現代の私たちが考える学校とは大きく異なります。「**学校**」という言葉は，新しいパラダイムの文脈では誤解を招く用語であるため，「**クラスタ**」という用語を使うことにします。

　４人から10人のガイド，ティーチングアシスタント，生徒たちからなる一つのクラスタは，学区に雇われた独立の請負業者のように機能します。工業時代の大きな校舎に，各クラスタが建物の一棟やワンフロアを間借りし，体育館，図書館，食堂などの一部施設を共用します。建物の大きさにより，１から40ものクラスタが一つの校舎に入ります。

新しい教育施設の場合，まったく異なったデザインになります。車輪のハブのように中心部に共用施設があり，放射線状に出ている車輪のスポークのようにクラスタがその周りを囲んでいます。

このような配置の場合，個々のガイドは，クラスタを成功へと導く責任感を強く持つことができます。そして，その責任を果たすために高いインセンティブと権限を持つのです。

ラーニング・センター

ガイドと生徒たちは，他の専門職や専門家と同様に，さまざまなラーニング・センターを利用します。ラーニング・センターは，次のいずれかの**重点分野**に関するインストラクションを提供します。

- 生物学のような伝統的な教科領域
- 公害や都市のような教科横断的でテーマ中心の領域
- 哲学のような知的な領域
- 自動車整備や修理のような技術的な領域

どのような場合においても各センターは，対象とする分野を指導する際，基本的スキルと高次の思考スキルを統合して扱います。クラスタのガイドは，生徒たちがまとめる個別の学習計画に，習得するスキルとスタンダードへの対応とがうまく表されるように支援します。

発達レベルの下位の段階では，ラーニング・センターはめったに使用されません。しかし，モンテッソーリの学校やミネソタ・ニュー・カントリー・スクール（3章参照）では，ガイドのホームルームに小さなラーニング・センターを設けています。上位の発達レベルでは，ラーニング・センターはクラスタから独立して運用されます。数か月ごとに生徒たちは，ラーニング・センターの使用パスを受け取ります。追加のパスを得ることもできます。

パスの数は発達レベルによって変わります。交付するパス数が少ないクラスタは，自分たちのためのラーニング・センターにより多くの資金を使えます。そ

の結果,子どもが年長であるほど,より多くラーニング・センターを使用するのが通例となります。

ラーニング・センターの予算は,生徒数(パス数の集計)によって決まります。生徒たちを引きつけ,クラスタのガイドたちのニーズを満たすための十分なインセンティブがラーニング・センターには与えられています。ラーニング・センター間の競争と,ラーニング・センター内の協力の2つがあることで,ラーニング・センターのパフォーマンスを最大化できます。これもまた,「2つとも」の考え方です。

私たちは,次のような3種類のラーニング・センターを想定しています。

- **ショッピングモール・センター**は,街の中央に位置する施設で,個人経営の「クラフトショップ」の規模から,地域や全国チェーン規模まで網羅します。ハンズオン教材からウェブベースのマルチメディア学習環境まで,さまざまなリソースを取り入れたパワフルな学習環境を提供します。
- **コミュニティ・センター**は,博物館,動物園,企業などのように,コミュニティの中に位置しています。これらのセンターは,彼らの活動を支援するスポンサーに副収入や税の優遇措置を与えます。生徒たちには,現実社会を舞台とした重要な学習リソースを提供します。
- **モバイル・センター**は,クラスタからクラスタへ,コミュニティからコミュニティへと渡り歩きます。主に人口の少ない区域で,電子顕微鏡や質量分析装置のように特に高価な学習リソースを提供します。

小売業のように,ラーニング・センター間の競争による圧力は,センターを生徒やクラスタのニーズの変化に対応できるようにします。ラーニング・センターは,定期的にひょっこり現れては消えていきます。インキュベーション政策やリソースが,新しいラーニング・センターの設立を奨励することで,継続的な再生プロセスが維持されます。インディアナポリスのディケーター郷メトロポリタン学区内にあるチャレンジャー・ラーニング・センターのように,他

訳注6 起草や新事業の創出を支援すること。

の学区域にあるラーニング・センターでも，子どもが使えるよう協力体制がとられています。ラーニング・センターは，認定されたガイドや，技術面あるいはクリエイティブな専門家によって運営されるだけでなく，保護者やコミュニティの人々もボランティアとして参加します。

生徒と保護者による選択

　生徒またはその保護者は，好みの順に3名から5名のガイドを指名します。独立した利用者援助機関（次の「行政機構」で後述）では，保護者がベストな決断を下せるように情報や支援を提供したり，異存がなければ保護者による判断を代行します。

　それぞれのガイドは，何名の子どもを受け入れるかを毎年決めますが，どの子を受け入れるかという判断はしません。このポリシーにより生徒は，質の高い教育への平等なアクセスを保証されます。「どの子ども」を受け入れるかは，基本原則があります。人種や社会経済的なバランスに関するガイドラインによる制約のもとで，最大限，その地区の第一希望が通るよう配慮されます。ガイドの給与は受け持つ生徒数によっていくぶん変動しますが，クラスタの教育業績にも影響されます。教育業績は，あらゆる分野の学習成果によって評価されますが，生徒の学習能力や社会経済状況などの要因は調整されます。

　ガイドへの第一，第二，第三希望のリクエスト数が多い場合，クラスタはガイドの給与額の一定のパーセンテージを（ガイドの受け持つ生徒数にかかわらず）手にします。すべてのガイドが自らを向上させるとともに，優秀なガイドが指導に留まるようインセンティブを与えます。利用者援助機関は，**コンシューマー・レポート**のような評価を全ガイドに対して行うことで，ガイドの選択プロセスが人気投票にならないようにします。ガイドは仕事量を減らす選択もできるし，需要が低く否応なく仕事量が減るガイドもいるでしょう。他の職業における仕事量の力学を反映しているのです。

　クラスタ間の競争は，システムがそれを回避するように設計されていない限り，負の効果をもたらすことがあります。そのため，**各クラスタへの追加支給金**は，ガイド個人に直接わたるものではなく，ガイドの需要に応じ変動したもの

がクラスタに支給されます。追加支給金の配分は，クラスタのガイドが一括して，自分たちの予算をどのように使うかを決定します。クラスタ間の競争（優れた取り組みへのインセンティブと，コミュニティの多様で変化する要望とニーズへの応答性を与える）と各クラスタ内の協力（ガイド間の支援や励ましを与える）の利点を兼ね備えたシステムなのです。

　ガイドの給与となる直接的な収入を除くと，同じ発達レベルにおける子ども一人当たりの収入は，どのクラスタも皆一様です。ただし，特別な支援を必要とする子どもや，社会経済的に不利な状況に置かれた子どものための付加支給金はこの限りではありません。クラスタには，この収入の使い道について全権が委ねられています。学区から賃借りする場所の使用料，購入したり借りたりする学習リソースの代金，雇い入れるサポートスタッフの人数やその種類に応じた人件費などに費やされます。この点では，クラスタはチャーター・スクールや私立学校に似ています。

　ガイドの需要が高いクラスタでは，より多くの生徒を受け入れたり，より多くのスタッフを雇い入れたり，新しいガイドを雇う（または内部から昇進させる）ことができます。一方，ガイドの需要が低いクラスタでは，ガイド間で分配するために受け取る給与額は低く，受け持ちの生徒数が定数に満たないガイドの給料は満額になりません。そのため，好ましい成果をあげられていないガイドの給料は少なく，別の仕事を探すことになる場合もあります。したがって，職員の雇用や解雇については，官僚的な意思決定プロセスとは切り離され，利用者ベースで自動化された方法に取って代わられます。コミュニティの変化するニーズに絶え間なく適応でき，官僚的コストの削減にもなります。

　評価のメカニズムは，雇用主や高齢者といった他のクライアントの声を，利用者ベースの意思決定システムに反映することができます。この評価制度は，Amazonなどが行っている商品の評価システムと同類のものです。個々のガイドあるいはクラスタを評価するのに使われます。この評価は，生徒や保護者によるガイド選択を左右します。

　インキュベーション政策は，新しいクラスタやラーニング・センターの設立

訳注7　授業料に相当する。

を奨励します。あるガイドのグループが，新しいクラスタやラーニング・センターの創設を支持するのに十分な保護者の署名を集められた場合，クラスタ支援機関またはラーニング・センター支援機関が，スタートアップ資金の補助や，事業の計画や開始に関する専門知識の支援を行います。これらの機関は「行政機構」の箇所で後述します。

　一棟の校舎に複数のクラスタが置かれていることで，保護者や生徒は，近隣の学校を去ることなく，選択肢が与えられます。さらに，生徒と保護者には，自己主導型学習（「コア・アイデア4：生徒の新たな役割」で前述）の一環として，何を，どのように学ぶかについて，いくらか選択の自由があります。

　現行の教育システムは変化に対し強い抵抗を示し，難局に直面した時にのみ変化が起こります。情報時代のシステムが，同様の変化に対して抵抗するようなデザインとならないように，私たちが描く新しいパラダイムは，自己調整ができる学習する組織です。変化は継続的で利用者によって左右されるため，危機的な状況は最小限に抑えられます。学校の管理者や政治家が変化を操作するのではなく，コミュニティや生徒たちの教育ニーズの変化に合わせて，ガイドたちは自身の責任のもとに自らの実践を適合させていくのです。

ガイドによる選択

　ガイドには，どのクラスタあるいはラーニング・センターに応募するのかを選択する自由があります。そのため，どのガイドと共に働くかについても，ある程度選ぶことができます。もちろん，いずれのクラスタまたはラーニング・センターにおいても，何名のガイドを雇うか，どのガイドを雇うかを選択する権利が与えられています。ガイドは，いつでも別のクラスタに移ることができるし，担当する内容や発達レベルを選ぶことができます。新しいシステムでは，官僚的な意思決定プロセスを排除した形で判断がなされるのです。

行政機構

　地区全体の行政システムは，クラスタおよびラーニング・センターの取り組みを支援します。このシステムは，管理ではなく支援のためにデザインされて

2 — 情報時代の教育ビジョン

います。

　クラスタ支援機関は，新しいクラスタのインキュベーションの運用と支援を行います。また，既存のクラスタから予算管理，購買支援，メンテナンスサービス，交通面などのサポート業務を請け負うこともあります。これらの業務は，互いに取り決めた料金で，クラスタ支援機関から民間業者に外部委託されます。

　ラーニング・センター支援機関は，ラーニング・センターのために同様の役割を果たします。クラスタおよびラーニング・センターは，これらの業務をラーニング・センター支援機関に頼まず，自分たちのニーズに合った他の業者を雇う場合もあります。これらの地区管轄支援機関は，その予算をクラスタとラーニング・センターからの手数料収入にもっぱら頼っていますが，インキュベーション事業については州から直接支払われています。支援機関の収入は，受け持ちの生徒数に基づいています。

　なお，クラスタ支援機関とラーニング・センター支援機関は，その学区域の規模に応じて，クラスタおよびラーニング・センターの両方を受け持つ一つの機関として合併される場合もあります。

　独立した利用者援助機関は，子どもたちとガイドとをマッチングさせるためのカウンセリング業務を行います。ガイドを選ぶ際に保護者がベストな決断を下せるよう，診断テストや生徒との面談を実施するのです。このプロセスを望まない保護者の場合，ガイドの選択を代行することもあります。こうした支援により，すべての生徒たちに適したガイドを確実にあてがうことができ，貧困の連鎖を断ち切る助けにもなるのです。

　この機関は，クラスタ，ガイド，ラーニング・センター，および支援機関の実績情報を集めたり広めたりすることで，お目付け役としての役割も果たします。

　PIESテクノロジ・システム（コア・アイデア4「テクノロジとその他のリソース」参照）は，教育ツールの質を自動的に分析します。ガイドやクラスタの実績（生徒のスタンダード到達度やその他の要因）は，利用者援助機関が作成し，保護者や生徒が閲覧できます。ユーザーによる評価も，生徒と保護者が望ましい選択ができるよう一役買っています。各ラーニング・センターの実績

も，類似したものがクラスタのガイドや生徒たちに開示されています。クラスタやラーニング・センターのガイドたちも，この情報にアクセスは許されており，自身の実践の改善に役立てます。

利用者援助機関の予算は，独立した機関として公平性を維持するために，州から直接，受け持ちの生徒数に応じて割り当てられます。

ガバナンス構造

地域および州レベルのガバナンスは，情報時代と現行の工業時代とでは異なるシステムになります。地域の教育委員会は，コミュニティの到達基準（スタンダード）を設定し，その達成状況をモニタリングします。個々のユニット（クラスタ，ラーニング・センター，地区のサポートユニット）の円滑な取り組みを監督します。地域の教育委員会はまた，関係者間（ガイド，保護者，生徒）のもめごとを裁く市民審査委員会としての機能を果たすことで，不利な条件に置かれた生徒の権利を守ります。ただし，教育システムの業務を微細には管理しません。利用者主導の意思決定システムが，教育上の判断に関する責任を負っています。

地域の教育委員会の資金はいろいろな方法で提供されます。すべてのクラスタが総利益に基づいて支払う手数料や税金も良い方法ですが，地方の固定資産税（財産税）を割り当てるのが，もっとも良い選択肢かもしれません。

情報時代のパラダイムでは，州の教育部門は州全体のスタンダードを定め，その達成状況を監視します。地域の組織を微細に管理したり，特定の学区や学校に対し，スタンダードに到達するよう指導することはありません。その代わりに，インセンティブ制度と臨時費を活用して，不十分な達成状況があれば手直しをします。

教育部門は他にも，公正な財源徴収と分配制度を運用することで，財源配分者としての機能も果たします。生徒数，年齢，生徒が持っている可能性のある特別なニーズ，社会経済的に不利な生徒への給付金などの定められた金額が，州から各クラスタへ直接（地域委員会を飛び越して）わたります。州レベルの審査委員会は，地域委員会では解決できない問題に対応します。

固定資産税（財産税）は，公教育を支えるもっとも**逆進的**な方法です。現在の制度では，低所得の人々にとっては，所得の大部分を学校税として支払うことになります。また，産業に乏しいコミュニティは，不利な立場となります。しかし，州の所得税を財源にすると，景気の拡大あるいは後退といった動向によって大幅に変動します。周期的かつ莫大な予算の削減は，学校に多大な悪影響を及ぼします。

解決策の一つとしては，州所得税に教育専用の割り当てを確保することですが，この方法では，税収が減少した期間でも予算が維持できるよう，景気拡大の年に年次教育予算の一定割合を取り置く必要があります。

もう一つの解決策が，固定資産税（財産税）を使うにしても，安価な一戸建て住宅は低い税率ですむよう，スライド制で税金を設定します。しかしこの方法であっても，あるコミュニティが他のコミュニティより資金に乏しかったり，学校の固定資産税を支払う事業が少なかったりといった，内在する不公平な事態には対処しきれません。

新しいパラダイムは，景気循環があってもより安定していて，なおかつコミュニティ間でより公平な，これまでと異なった方法で支援する収益システムを見いだす必要があります。

家族支援制度との連携

現代社会において家族支援はこれまでになく重要です。この複雑な時代，子育てはより難しくなりました。チャイルドシートを正しく取り付けることに始まり，子どものインターネット使用を危険な者から守るために監視し，栄養ある食事や運動に気を配ることは保護者にとっての重荷です。しかも彼らはたいていフルタイムで働きながら子どもたちの用事をこなし，自分自身や友人らとの時間を残されたわずかな時間から捻出しています。

相反する意見，期待，研究が巷には数多く溢れているため，信頼できる情報源と，親の役割，医療サービス等についての助言者を，保護者はますます必要としています。社会福祉機関と学校は，これまで以上に協力する必要があるのです。

情報時代の生徒たちの真のニーズを満たすために，学校制度を学びと人づくりのシステムとして幅広く捉えるのです。そうすると，地域レベルと州レベルの間で，従来の家族支援制度に，かなりの重複が生じます。新しいパラダイムでは，新生児から5歳までの子どもと，その家族のための支援を一つにまとめるのです。独立学区（ミズーリ州）では，幼児とその家族のために，このようなコラボレーションを実現させました。

家族支援には，ヘルスケア，親の教育，カウンセリング，働く親のための保育サービス，家族の識字活動が含まれます。新しいパラダイムでは，これらのサービスの多くは，クラスタ内でケースワーカーによって行われ，ヘルスケアに関しては，一部の業務を校舎内や児童養護施設において，医療従事者が行います。

大多数の家族にとって，つきあいが長期にわたって続く唯一の場所が学校です。新しいパラダイムでは，このつながりを活用して家庭のニーズへの対応と教育への関わりを最大化します。その結果，学校における子どもたちの前向きな経験も最大化されるのです。

学びの協同組合

クラスタおよびラーニング・センターは，地域の学習拠点です。公共図書館と連動し，地域のすべての人々の学習場所として機能します。18歳以上の個人は，センターを利用するために，クレジットを稼ぐ必要があります。クレジットを稼ぐには，他の人の学習を助けるために時間を費やす，保育サービスや食堂の手伝い，清掃やメンテナンスなどを行う，クラスタやラーニング・センターの仕事に何らかの貢献をするといった方法があります。

学校は早朝から深夜まで年中無休で生徒に開放できるようになります。地域の大人は，融通が効き，かつ手頃な料金で，仕事のスキルや親業のスキルを磨く機会や，情報ニーズを満たす機会を手に入れます。これがコミュニティを強くするのです。

さらに，コミュニティの人々は，地域社会やクラスタ，ラーニング・センターで生徒の学習を支えます。生徒たちは時折，地域コミュニティの大人をメン

ターとして，サービス・ラーニングを含むさまざまなプロジェクトで学びます。こうした活動の安全性と信頼性を保証するため，学校でのボランティアに携わるすべての大人は，適切な身辺調査にパスすることが必要です。また，関連する賠償責任保険，法的問題にも対応しなければなりません。しかし，これらの諸計画が適切に扱われるならば，この学びの協同組合のコンセプトは，公教育のコストを下げ，真に公共のために役立つ効果的な教育システムとなるでしょう。

　情報時代の教育パラダイムにおけるコア・アイデアの大半は，人間の発達や学習プロセスにおける最新の研究に基づいています。いくつかのアイデアには修正の必要があるものもあります。あるいは実施する段階で，コミュニティ間で変化するものもあるでしょう。クラスタ間ですら変化する可能性があります。ほとんどがさらなる実証を必要としています。しかし，このビジョンが有益なレファレンスとなり，工業時代の教育マインドセットから飛び出し，情報時代の生徒とコミュニティの真のニーズを満たすものとして機能するシステムへと，米国の教育パラダイムをつくり変える営みに，あなたが加わることを願っています。

構造的な変化

　情報時代の教育パラダイムにおける6つのコア・アイデアは，教育システムの構造に対して重要な意味を持っています。その意味を詳しくみる前に，工業時代パラダイムの構造的特徴をあげてみます。

- 学年
- 授業時間
- 教室
- 科目
- 成績

これらの特徴を持たない学校制度を想像することは難しいかもしれません。しかしながら，一部屋校舎だった農業時代パラダイムにはどれもなかったものです。工業時代には重要なニーズを満たしていたものが，現代では時代遅れのものとなっています。さらに言えば，現在の教育システムのこれらの構成要素が，実際には教育の現状において問題の根源となっているかもしれないのです。

- **学年**は，新しいパラダイムとは相容れないものです。生徒一人ひとりが異なるペースで学び，異なる時期に，異なった達成項目に進めるようになるからです。学年は，時間を軸にして序列化するパラダイムの象徴です。工業時代には適したものでしたが，情報時代の教育ニーズを満たすには有害です。
- **授業時間**は，「学びの一区切り」にたどり着く前に，学習を打ち切ってしまうことがよくあります。固定された時間は，序列化するパラダイムには適していますが，学びに焦点をあてるパラダイムには有害なものです。
- **教室**は，一人の教師が25名かそれ以上の生徒たちを集団で教えるために設計されています。新しいパラダイムでは，ガイド間のみならず学習者間のコラボレーションのために設計された空間が不可欠です。学習空間は，豊かなリソース（テクノロジを含む）とプロジェクトのための作業空間がなくてはなりません。
- **科目**は，生徒が何を学ぶかを選択する余地がほとんどありません。小さな単元，あるいは具体的な達成項目モジュールの点から捉え，どのように生徒の理解を確実にするかを考えるほうがより有益です。
- **成績**は，主として生徒を互いに比較することで機能しています，生徒が何を学んだかを明らかにしていません。序列化するシステムには適していますが，取り残される子どもをつくらないことを約束する，学びに焦点をあてるシステムには適しません。

現在のパラダイムにおけるこれらの構造的な特徴が，情報時代のパラダイムとは相容れないことを理解すると，変化の必要性に対する意識はより強いもの

になります。6つのコア・アイデアは，変化の方向性を示していますが，導入の具体策は時の経過とともに変化したり，個々の学校制度によっても異なるでしょう。

　生徒たちが今日，明日，必要としている教育システムはしだいに明確になり，Sカーブを昇る勢いを増していくことでしょう。新しいパラダイムの初期バージョンは，まだそのポテンシャルを十分に発揮できていませんが，すでに現在のパラダイムを凌いでいます。

費用対効果

　情報時代のパラダイムは，次の理由で工場モデルの学校よりも低コストで，より大きな効果をもたらします。

- 到達ベースでの学習進度は，教育システムの効果を高めます。学びが早い学習者を引き止める膨大な無駄な時間を避けるとともに，ゆっくり学ぶ学習者を急かすことで，学習のギャップが広がり，それ以降の学習が困難になるといった失敗も避けられるからです。
- プロジェクト型学習で起こる，学習意欲の高まり（プロジェクトが生徒の興味に強く結びついている時）は，教育活動の効果を向上させます。
- 現実社会の課題を題材にしたプロジェクト型学習は，生徒が身につけたスキルを現実世界へ転移させることを促進します。
- 官僚主義制度の階層を取り除くことは，費用の節約になります。より大きく，より官僚主義的な学区においてはとりわけ顕著です。
- 助手やインターン（初任のガイド）による教育支援は，先導的なガイドたちが，より多くの生徒を発達レベルごとに受け入れられるようにしてくれます。しかも，生徒たちが必要に応じて個別の配慮を得られるようにもなります。これは生徒一人当たりのコスト削減につながります。
- 自己主導型の学習，協働学習，ピア・チュータリングといった，きわめて効果的な学習形態は，ガイドに依存する時間を少なくします。そのため，生

徒一人当たりのコストを下げながら，ガイドは効果的により多くの生徒を受け持つことができます。生徒たちは，おそらくもっとも十分に活用されていない教育リソースです。
- 学びの協同組合というコンセプトは，生徒たちの学びを支える際，保護者，高齢者，他のボランティアの方々が，より意義ある役割を担う方法を提供します。クラスタやラーニング・センターでのボランティアを奨励するとともに，彼ら自身の学びを深めるために，リソースへのアクセスを提供します。地域の大人は，人々とのふれあいを提供しながら，人件費を削減し，さらに地域の絆づくりにも貢献します。
- より費用対効果の高いテクノロジが，省力化できる教育ツールを提供します。ガイドは，パーソナライズされた学習や，思いやりにあふれた学習環境を維持したうえで，より多くの生徒を受け持つことができるようになります。

　コスト削減にならなかったとしても，新しいパラダイムは，生徒の学びを促進するうえでより効果的です。したがって，現行のパラダイムよりも費用対効果は高いと言えます。

　さらに，現代生活への適切な準備が不足している生徒による社会的コストには，高い犯罪率，薬物乱用，いじめ，暴力，非倫理的な行動などがあげられます。情報時代のパラダイムは，生徒たちがつながりを築き，維持するのを助け，社会的，感情的知性と高い倫理観を育てます。また，将来の職場で活躍するための準備としてもより適切なものとなります。

　3章では，いくつかの学校がどのように情報時代パラダイムに取りかかっているかを解説します。それによって，それぞれのコミュニティがどのように，これら6つのコア・アイデアを実践しているかを紹介しましょう。

この章の要約

- 教育の新しいパラダイムに向けたコア・アイデアは，情報時代の主要な特

性と教育ニーズに基づいています。
- 情報時代の教育パラダイムのための6つのコア・アイデアは，教育のために何が可能かを考える刺激材料として取り上げています。地域によってさまざまに異なる方法で実践されるという理解を前提にしています。
- 6つのコア・アイデアを表2.1にまとめました。
- 成績，学年，授業時間，教室，科目はすべて，新しいパラダイムのコア・アイデアとは相反するものです。
- 新しいパラダイムは，学校の工場モデルを費用対効果で上回ります。到達ベースでの学習進度モデルを活用し（生徒の膨大な無駄な時間を避ける），プロジェクト型学習を実践し（学習者の動機づけを高め，転移を促す），官僚主義を取り除き，助手とインターンを起用し，自己主導型の学習やピア・チュータリング，コラボレーションを実践し，学びの協同組合のコンセプトを取り入れ，より多くのテクノロジ・ツールや教材を活用することにより，重大な社会的コストの発生を抑えるからです。

表2.1　学習中心のパラダイムのためのコア・アイデア

到達ベースのシステム	学習進度	生徒が次の課題に進むには，各々が基準レベルに達しているべきである。基準を満たしたら直ちに次に進むことが許される。
	テスト	生徒の評価は，学習を助ける形成的評価と，基準に到達したことを認める総括的評価がある。評定や平均，生徒どうしを比較するような評価は行わない。
	生徒の記録	到達記録は，生徒がどのスタンダードに到達したかを（点数などの評定の代わりに）示す。それぞれの到達項目はそれに対応するポートフォリオとリンクされる場合もある。
学習者中心の指導	パーソナライズド	生徒は，各自のニーズに合うようカスタマイズされた学習内容と学習方法が記された，個別の学習計画をもつ。
	プロジェクト型	生徒たちは，選択した学習到達項目を含む，魅力ある真正なプロジェクトに取り組む。
	協働学習	生徒たちは，小さなグループをつくり，真正なプロジェクトに取り組む。

	個別の教育支援	プロジェクト型学習における教育支援として，プロジェクトの期間内にスキルを習得するために，個別のチュートリアルを提供する。
	特別支援	すべての子どもは特別であり，他の子どもたちと同様に教育システムに完全に位置づけられている。
広がりのあるカリキュラム	SCANS	基礎スキル 思考力と創造力 個人の資質 広範なコンピテンシー
	21世紀型スキル	主要科目 21世紀的な教科横断テーマ 学習とイノベーションのスキル 情報・メディア・テクノロジのスキル 人生とキャリアのスキル
	ホリスティック	子どもの発達のあらゆる側面に取り組む。情緒的，社会的，身体的，認知的発達および個人の資質が含まれる。
新たな役割	教師	ガイドは，面倒見のよいメンター，楽しい学びのデザイナー（あるいは選ぶ者），学習のファシリテーター，生涯学び続ける学習者，およびクラスタのオーナーでもある。
	生徒	生徒は，自己主導型学習者であり，教師でもあり，学びの協働的参加者である。
	保護者	保護者は，子どもが何を学ぶかの決定に積極的に関わり，その学びの支援に携わる。また学校運営について助言ができる立場でもある。
	テクノロジとリソース	テクノロジとハンズオン教材は，学習の計画，学習活動，評価，記録管理，コラボレーション，コミュニケーションを支援する中心的な役割を担う。
調和ある人格を育む学校文化	小規模な学校	小規模な学習コミュニティは，生徒の責任感，思いやりの心，リーダーシップ力を育て，スタッフの生活の質を向上させる。
	強い絆	個人間の深いつながりは，生徒，ガイド，保護者，より大きなコミュニティを結びつける。
	複数年にわたるメンタリング	メンターとなるガイドが生徒の発達レベル（約3年）ごとに担任する。
	異年齢混合グループ	同じ発達レベルの中で，異年齢の生徒たちが均等に一人のガイドに割り当てられる。

	楽しめる学習	内発的動機づけは，生徒の生活や興味に関連ある，真正で魅力的なプロジェクトによって育まれる。
	ガイド自身の学び	生徒と共に学び，生徒から学び，生徒について学び，生徒のために学ぶことで，ガイドは生涯学習のモデルを示す。
	家族支援	学校は社会福祉機関と連携し，専門的なサービスを家族に提供する。
組織構造	クラスタとしての学校	4名から10名のガイドが小規模な公立学校を自分たちで運営する。
	ラーニング・センター	ラーニング・センターを運営するガイドもいる。すべてのクラスタの生徒が，さまざまな専門領域を学ぶために利用する。センターには，「ショッピングモール」センター，コミュニティ・センター，モバイル・センターがある。
	生徒と保護者による選択	何をどう学ぶかを選択できるだけでなく，生徒と保護者には，ガイドの選択（クラスタや校舎の選択も含む）にある程度の自由がある。ガイドの給与は生徒からの需要によって決まり，官僚主義は排除される。
	ガイドによる選択	どのガイドと共に働き，どのように自分たちの学校を運営するのか，ガイドにはある程度の選択の自由がある。
	行政機構	クラスタ支援機関およびラーニング・センター支援機関は，クラスタやラーニング・センターをサポートする（コントロールはしない）。利用者援助機関は，生徒と保護者が有益な選択ができるようサポートをする。
	ガバナンス構造	地域の教育委員会は，コミュニティのスタンダードを設定し，モニタリングを行い，もめごとを裁き，クラスタやラーニング・センターを支援する。州の委員会および教育部門は，州のスタンダードを設け，モニタリングを行い，地区のサポートや，財源を管理する。
	家族支援制度との連携	学校は，多くの機関と連携し，校内で家族支援を提供する。
	学びの協同組合	学校は，コミュニティのすべての人々が，自分たちのスキルやサービスを提供するのと引き換えに，学習する機会を得ることもできる学びの拠点である。

3 新しいパラダイムの具体例

　「情報時代」に向けて思い描いてきた到達ベースのパラダイムは，何も目新しいものではありません。19世紀から20世紀にかけて，マリア・モンテッソーリ（Maria Montessori）やジョン・デューイ（John Dewey）のような先見の明を持った思想家や，ボーイスカウト活動など，さまざまな形で具現化されてきたものなのです。しかし，新たな教育パラダイムは，現状において支配的である工業時代の社会の考え方とは，相容れないため，いまだ米国における教育の主流には至っていません。

　この章では，2章でふれた情報時代の教育のパラダイムにおける6つのコア・アイデアが，異なる3つの学校システムでそれぞれどのように使われているのかを紹介していきます。

- 個別の学校：ミネソタ州ヘンダーソン市　ミネソタ・ニュー・カントリー・スクール
- 学校区：アラスカ州アンカレッジ市域　チュガッチ学区
- 広域の学校ネットワーク：モンテッソーリ教育のシステム

　これら3つの事例のそれぞれについて，学校システムの概要，学校が導入している施策の有効性を示す根拠，6つのコア・アイデアがどのくらいはっきり表れているのか，そしてコア・アイデアがどのように実践されているのかを紹介していきます。

これら3つの学校システムの比較表は、付録Aに掲載しています（本書では割愛）。

ミネソタ・ニュー・カントリー・スクール（エデュビジョンズ）

ミネソタ・ニュー・カントリー・スクール（MNCS）はミネソタ州ヘンダーソン市にある公立のチャーター・スクールです。1994年に設立され、6年生から12年生（中学1年生から高校3年生）までの約110名の生徒が在籍しています。優れた教育実践とその成果が評価され（詳細は後述）、MNCSはビル＆メリンダ・ゲイツ財団から400万ドルの補助金を得て、MNCSの教育モデルを、他の学校に広げていくための非営利団体「エデュビジョンズ（EdVisions）」を設立しました。エデュビジョンズは現在までに、40以上の学校に対して「MNCS教育モデル」の導入を支援しています。

有効性を表す客観的データ

MNCSは2010年－2011年の年次報告書において、以下のような有効性を示すデータを公開しています。

- 2007年－2008年度　MNCS卒業生全員のACT[訳注1]平均総合スコアは25.7点（全国平均は20.9点）。
- 2010年－2011年度　MNCS卒業生全員のACT平均総合スコアは25.0点（全国平均は21.1点）。

エデュビジョンズは、自らのウェブサイト上で、活動の成果について報告しています。

- 2007年－2008年度　エデュビジョンズの支援を受けた学校（以下、「エデュビジョンズ校」という）の卒業生のACT平均総合スコアは22.3点（全国平均は21.0点）。

訳注1　American College Test。大学進学希望者向けのテスト。

- 2007年 – 2008年度　エデュビジョンズ校卒業生のSAT平均複合スコアは1749点（全国平均は1518点）。
- 2008年度　エデュビジョンズ校卒業生の82パーセント以上が，短期大学または4年制大学に進学している（全国平均は68パーセント）。
- エデュビジョンズ校の中核校では，卒業生の69パーセントが短期大学または4年制大学を卒業し，22パーセントが引き続き在学中であり，進学率は合計で91パーセントを達成！
- MNCSの卒業生のうち，92パーセントの学生が，他校出身の友人に比べて大学進学に向けてよい準備ができたと感じている。
- ミネソタ州内のエデュビジョンズ校卒業生の83パーセントが，自分の目標に向かって着実に歩めている，と感じている。
- MNCSを卒業し，社会に出た人の72パーセントが，「自分の仕事がとても楽しい」「この仕事が好きだ」と答えている。

また，エデュビジョンズが，従来とは異なる指標を用いていることにも注目です。MNCS卒業生を対象としたアンケート調査によると，表3.1にあるライフスキル[訳注2]について，これらのスキルを身につけるのに学校での学びや経験が非常に役立ったと答えています。

表3.1　MNCS卒業生による「身についたスキル」の評価

MNCSで身についたスキル	「身についた」または「かなり身についた」と評価した卒業生の割合
創造性	100%
問題解決能力	95%
意思決定能力	91%
時間マネジメント能力	87%
情報検索能力	100%
学び方を学ぶ	91%
責任感	92%
自尊心	84%
社会的スキル	79%
自己主導性	92%
リーダーシップ	84%

訳注2　40ページの「P21S」を参照。

コア・アイデア

表3.2では、2章で説明したコア・アイデアが、MNCSにおいてどのくらい浸透しているのか、概算的な数字で示しています。ここでは、0から5までの6点法で評価しています。「0」は、コア・アイデアがまったく使われていない状態を示します。「5」は、私たちからみて、コア・アイデアが大変優れたレベルで導入されていることを示します。MNCSで導入されているコア・アイデア

表3.2　MNCSのコア・アイデア

1. 到達ベースのシステム	到達ベースによる生徒の学習進度	5
	到達ベースによる評価と単位認定	5
	到達ベースによる生徒の学習記録	5
2. 学習者中心の指導	カスタマイズ（パーソナライズド）学習	5
	プロジェクト型（タスク型）学習	5
	協働学習	3
	個別の教育支援	5
3. 広がりのあるカリキュラム	SCANSカリキュラム	4
	21世紀型スキル	4
	ホリスティック	5
4. 新たな役割	教師（ガイド）の役割	5
	生徒の役割	5
	保護者の役割	4
	テクノロジの役割	3
5. 調和ある人格を育む学校文化	小規模な学校	5
	強い絆	5
	複数年メンタリング	5
	異年齢混合グループ	5
	楽しめる学習	5
	ガイド自身の学び	3
	家族支援サービス	0
6. 組織構造とインセンティブ	クラスタとしての学校	5
	ラーニング・センター	3
	生徒による選択	5
	ガイドによる選択	5
	管理構造	該当なし
	意思決定の構造	該当なし
	他の家族支援サービス制度との連携	4
	学びの協同組合	0

注：数字は、コア・アイデアが導入されている度合の強さを示している。コア・アイデアの導入がもっとも進んでいるものを5としている。

の一覧は，表 3.1 をご覧ください。MNCS とエデュビジョンズについての詳しい情報は，下記のウェブサイトをご参照ください。

http://www.newcountryschool.com/
http://www.edvisions.com/custom/SplashPage.asp
http://www.whatkidscando.org/archives/portfoliosmallschools/MNCS.html

コア・アイデア１：到達ベースのシステム

　この学校では，生徒がプロジェクトを首尾よくこなしたかどうかによって，学習の進捗を管理しています。プロジェクトを終えた後，生徒は，保護者，生徒のアドバイザー，それ以外のアドバイザー２名（本書では「ガイド」と呼ぶ教師）から構成された審査チーム（プロジェクトの実施を承認した審査チームと同じ）の前で，プロジェクトの成果報告および審査会に臨まなければなりません。

　生徒は，各自でプロジェクトごとに詳細な自己評価ルーブリックを作成します。そのルーブリックは，3つの主なカテゴリに分かれています。1つ目はプロジェクト・スキル（例：タスクを完了させること），2つ目は批判的思考スキル，3つ目はパフォーマンス・スキル（例：内容の構成）です。成績の代わりに，生徒はプロジェクト学習に対する単位を修得します。審査チームは，生徒が発揮した力をみて，その到達度を真正な評価を用いて，生徒にどれだけの単位を授与するか決定します。

　州で定められた基準と，ライフスキルの獲得や上級プロジェクトを含むプロジェクト科目 70 単位のすべてを満たすことで，生徒は高校を卒業することができます。

コア・アイデア２：学習者中心の指導

　生徒たちは，自己主導型で個別化された学習計画を自らつくります。その中には，少人数グループによる学習プロジェクトもあります。生徒は，アドバイザーと一緒にプロジェクト計画書を作成します。プロジェクト計画書には，生

徒が何をするのか，どのようなリソースを用いるのか，プロジェクトのタスクを完了させる工程表，到達すべき基準，プロジェクトによって取得したい単位数などを記載します。この計画書は，審査チーム（プロジェクト終了時の審査メンバーと同じ）が承認する必要があり，生徒は承認が下りるまでプロジェクトを始めることはできません。審査チームによって承認された計画書は，学習の契約書になります。

このプロセスによって，生徒たちは自分が興味を持つトピックについて，自分なりのやり方やペースで学ぶことが可能になります。そして，生徒は学校で何人かのアドバイザーに相談したり（他の生徒とも話し合ったり），地元コミュニティの専門家や大学教授とも連携しながらプロジェクトを進めていきます。

学校は必要に応じて「オンデマンド」セミナーや，「プロジェクトのやり方」ワークショップを実施し，生徒への直接的な指導を行い，生徒のプロジェクトを支援します。基礎スキルについては，診断テストで指導の必要性をチェックしたうえで，生徒のニーズに合わせ，個人ベースまたは小グループに対して指導が行われます。生徒たちは，サービス・ラーニング[訳注3]や，実地での学び，インターンシップ，コミュニティ・カレッジでの授業など，実際の活動を伴った体験学習を行います。

認知障害を持つ子どもたちも，他の子どもたちと同様，自己主導型のプロジェクト型学習を経験します。特別支援教育でもなく，一般学級に子どもを適応させるのでもなく，ここでは正反対の出来事が起きています。すべての子どもたちが，自分にぴったりな個別の学習計画を持つことができるのです。

コア・アイデア3：広がりのあるカリキュラム

近年，MNCSでは，生徒たちに期待する新たなコア領域を設定しました。尊敬・責任感，学習到達度，学びへの取り組みの3つです。各領域は4つの段階に分かれており，レベルの高い生徒ほど，高い特権が与えられます。責任感の例では，レベル1の学生は，コンピュータやインターネットの利用について制限を設けられているのに対し，レベル4の学生は自分の個人パソコンを使って，

訳注3　ボランティアなどの社会活動を通じて，市民性を育む学習形態の一つ。

3 ── 新しいパラダイムの具体例

いつでもインターネットや電子メールにアクセスすることが許されています。

　これらの3つのコア領域に加えて，社会性，情意スキル，その他の能力開発は，グループ・プロジェクト，ピース・キーピング・サークル（互いの意見を尊重しながら，安全な環境の中で問題解決等のために議論する話し合いの形式），ライフスキル，修復的司法プログラム（犯罪の関係者が一堂に会し，犯罪が引き起こした課題や和解を含めた解決法を話し合う制度）の実践において育まれています（MNCSの**2011年-2012年度年次報告書より**）。

　学校教育における学習到達基準はミネソタ州の規程によって定められています。しかし，MNCSの生徒たちが自らデザインした学際的なプロジェクトは，州が決めた基準を十分に満たすものです。MNCSでは，生徒に期待することとルールが明確に示されています。1年間に10単位を取得し，卒業までに70単位を取得するにはどのような履修計画をしていけばいいのかということも含みます。1単位あたり約100時間の学習時間を必要とします。しかし，学習時間に固執するものではなく，生徒の学びと努力の成果による評価に重きが置かれています。つまり，時間ベースの評価というよりも，到達ベースの評価であるといえます。また，生徒たちには，1日1時間数学の勉強をすることと，本を黙読する時間をつくることが求められています。

コア・アイデア4：新たな役割

　MNCSでは，教師は「アドバイザー」と呼ばれ，教育者と管理者の2つの役割を担っています。

　教育者として，アドバイザーは知識の伝達者というより，学習のファシリテーターとしての役割を果たします。これは，アドバイザーがいわゆる授業担当者ではない，ということを意味します。アドバイザーはシラバスをつくることはしません。生徒に対して課題図書を与えることもありません。宿題も出しませんし，締め切りを決めることも，進捗を確認することも，成績をつけることもありません。「コア・アイデア2：学習者中心の指導」で述べたように，生徒たちはアドバイザーに相談しながら，自らが主体的に，すべてを管理しているのです。アドバイザー1名につき15名から18名の生徒からなるアドバイザリ

ー・グループを編成し，メンターとして総合的な支援を行っています。同時に，アドバイザー自身が得意とする1つまたは2つの学問分野について，専門的な支援を行っています。

　管理業務についてこの学校では，校長を置くことなく，アドバイザーによる集団的運営が行われています（詳細についてはコア・アイデア6を参照のこと）。

　アドバイザーは定期的に保護者と電話や電子メールで連絡を取ります。生徒たちが自己主導型の学習を実践していく際，保護者には生徒の学びに積極的にかかわってほしい，と後押しします。生徒たちは，アドバイザリー・グループから2名の代表者を選出し，毎週行われるタウンミーティングや生徒会活動を通じて，学校運営に民主的に携わっています。

　MNCSでは，すべての生徒が自分のパソコンを持っており，インターネットにアクセスできる優れた情報環境を備えています（責任感レベル4の生徒たちは無制限にアクセスが可能です）。

　2005年，学校は，生徒が自分のプロジェクトや学習の進捗状況を閲覧できる電子システム「プロジェクト・ファウンドリー」を導入しました。このシステムによって，生徒は自分のプロジェクトを管理することができ，また，教職員も生徒の学習の進み具合を確認できるようになりました。これは，同時に，学生のeポートフォリオでもあります。このように，MNCSでは，プロジェクトの管理や学習資源へのアクセスなど，情報技術がますます中心的な役割を果たすようになっています。授業中，教師がそれらの指導に時間を使うことはそう多くはありません。生徒たちは，お互いから学ぶことが奨励されているのです。

コア・アイデア5：調和ある人格を育む学校文化

　MNCSは生徒数が110名の小さな学校です。学校は，生徒たち，アドバイザーたち，コミュニティの人々の間に，よりよい関係を構築することに注力しています。そのため，コンピュータによる個別指導の割合は最小限に抑えられています。アドバイザリー・グループは，さまざまな年齢から構成されており，すべての年齢層に対応できます。「発達段階」という概念は存在しません。各アドバイザーは担当する生徒たちのことをよく知るように努め，思いやりを持っ

て接し，関係を築いていきます。家庭への支援サービスは，必要最小限の範囲にとどめています。内発的な動機づけと自己主導型の学習に重点が置かれているのです。

コア・アイデア6：組織構造とインセンティブ

　MNCSは，学習に特化した小さな専門家組織です。エデュビジョンズでは，学校の規模を150人以下に保つようにしています。前述のとおり，アドバイザーによって集団的に学校が運営されており，校長は置かず，また，学区を統括する役所からの管理統制も受けていません。これは，2章で述べたクラスタの概念に合致しています。

　MNCSには，「アトリウム」と呼ばれる17,000平方フィート（約1,500平方メートル）の広さを持つスペースがあります。生徒たちは一日の大半をそこで過ごします。まるで農耕民族が栄えた時代の教育のような大部屋式の学校の形がそこにあります。建物内には，いくつかの小さな部屋があり，分野に特化したラーニング・センターとして使われています。

- 生徒が実験に使う理科室
- ろくろと窯を備えた陶芸スタジオ，レコーディング・スタジオ，ステンドグラスやTシャツのスクリーン印刷ができる道具と資材
- 温室
- 木材販売コーナー
- 機械／金属パーツ販売コーナー
- メディア・センター

　MNCSに在籍するすべての生徒は，「MNCSに入学する」ことを自身で選択してきました。毎年，新年度開始時に，生徒は自分が希望するアドバイザーに順位をつけて希望を出します。そして，ほとんどの場合，第1希望のアドバイザーが担当となります。アドバイザーたちの仕事は，学校が生徒たちを十分に引きつけられるかどうか次第です。生徒たちのニーズを満たし，保護者の声

に耳を傾けることは，アドバイザーにとって大きなインセンティブになります。これは**利用者による**意思決定システムの要素のうちの一つです。しかしながら，アドバイザーたちはお互いの合意によってすべての物事を決めていることから，**ピア・ベース**の意思決定も含まれます。アドバイザーたちにとって他にインセンティブとなるのは，業績給の仕組みです。同僚や生徒，保護者からの評価をもとに給与が決まるのです。

学年暦は，組織として学習を促進するように組まれています。1年間を5週間から7週間単位のブロックに分けて学期を編成しています。各ブロックが終了した後には，プランニング・ウィークという週があります。ここでは，アドバイザー同士が，どのように生徒を指導していくべきかを議論し，検討できるのです。同僚，生徒，保護者からの評価が行われ，アドバイザーにとって，また，組織としての学習にとって大変有益な情報となります。

この学校には，校長はいません。学校は，教育と行政の両面において，アドバイザーたちの協働と合意によって運営されているのです。アドバイザー団は，学校理事会との間で契約を結び，学校行政やその他の業務を遂行しています。各アドバイザーは，7つある運営委員会のうち2つ以上に所属しなければなりません。運営委員会は法律の定める範囲内において，学校における教育と管理のすべてについて決定を下します（予算や人事も含む）。

学校は，8人のメンバーから構成される学校理事会が管轄しています。学校理事会メンバーは毎年改選されます。現状では，教員4名，保護者3名，地元コミュニティ1名で構成されています（図3.1を参照）。財務委員会は，財政を司るとともに，小切手に署名します。ミネソタ州にあるチャーター・スクールの承認機構であるノヴェーションズ・エデュケーション・オポチュニティーズ (Novations Education Opportunities) が学校を承認しています（以前は地元の学区が承認していました）。承認機構とは，学校教育の質，予算が基準を満たしているかどうかをチェックし，監督する団体です。

MNCSは，さまざまなサービスの提供者と契約を締結していますが，協働的な関係を持つまでには至っていません。MNCSは，リバーベンド学区および，当該学区の特別支援教育ディレクターと契約を締結しています。具体的には週に

3 ── 新しいパラダイムの具体例

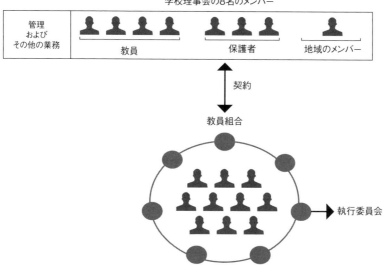

図 3.1　MNCS の組織図

1回，学校心理士（スクール・サイコロジスト）を派遣すること，自閉症，聴覚，発話，障害を持つ生徒が高校卒業後に生活していくためのスキル獲得支援を行います。また，MNCS は，シブリー郡公衆衛生局との間で週に1回，看護師を派遣する契約を結んでいます。他の機関とも，必要に応じて契約を結んでいます。

費用対効果

　MNCS における生徒一人あたりの教育コストは，ミネソタ州の平均的な学校に比べて低く抑えられています。予算を抑える方法の1つとして，MNCS では生徒が校舎内を毎日，清掃するようにしています。清掃によって生徒たちは，よりよい教育のためにはお金が必要であることだけでなく，自分たちの学校というオーナーシップの意識と誇りを感じることができるのです。

チュガッチ学区

　チュガッチ学区（Chugach School District：CSD）は，アラスカ州アンカレッジに事務所があります。アラスカ中南部の22,000平方マイル（約57,000平方キロメートル）に点在する地域に住む300人の生徒を対象としています。このような地理的条件・生徒の居住地域の実態から，CSDでは，標準的な教育システムではなく，カスタマイズされた教育手法を必然的に採用しています。

　生徒の半数以上は，地域の支援を受け，自宅で学習しています。他の生徒は，学区内にある3つの学校のうち，1つにそれぞれ通っています。CSDは，就学前から21歳までの学習者に，包括的で到達度ベースの教育システムを提供しています。

　CSDは，1994年，ロジャー・サンプソン（Roger Sampson）による教育改革の成果によって，現在の形となりました。CSDでは，1日24時間，1週間のうち7日間，つまり，一年中が教育です。職場，家庭，学校のすべてが学び場です。ちなみに，チュガッチ学区の生徒の半数はアラスカ先住民の子孫です。

有効性を表す客観的データ

　「学校ネットワーキングのためのコンソーシアム（CoSN）イニシアティブ」の報告によると，カリフォルニア州学力テスト（CAT）は劇的でした：読解の正答率は1995年の28%から1999年には71%にまで上昇。数学の正答率は，1995年の54%から1999年の78%に上昇。言語科目では，26%から72%まで上昇。1994年以降，17人のCSD卒業生が高等教育機関に進学しています（それまでの20年間，進学者はほとんどいませんでした）。50%以上だった教員の退職率は12%にまで低下しました。[1]

　2001年，CSDは，その卓越した経営手法が認められ，マルコム・ボルドリッジ賞（米国国家経営品質賞）を受賞しました。CSDは受賞団体の中で一番小さく，また，教育機関として初の受賞者となりました。CSDは，高い成果を上げ

★1　CoSN（2010年3月にアクセス）チュガッチ学区：地元の期待に地方が応える学校ネットワークイニシアティブのためのコンソーシアム（http://3d2know.cosn.org/best_practices/chugach.html）．

ている高校に与えられる「ニュー・アメリカン・ハイスクール・アワード」を受賞した米国内唯一の学区でもあります。[★2]

　ウェンディ・バッティーノ（Wendy Battino），リック・シュライバー（Rick Schreiber），リッチ・デ・ロレンツォ（Rich De Lorenzo）は，他の学区にも，CSDモデルを導入するための団体「学校の再発明連合（Re-Inventing Schools Coalition: RISC）（www.reinventingschools.org）を結成しました。しかし，CSDとRISCとには直接の関係はありません。

コア・アイデア

　表3.3では，2章で説明したコア・アイデアが，チュガッチ学区においてどのくらい浸透しているのか，概算的な数字で示しています。チュガッチ学区で実践されているコア・アイデアは以下の通りです。チュガッチ学区についての詳細な情報は，これらのサイトを参照してください。

　http://www.chugachschools.com/
　http://www.edutopia.org/chugach-school-district-reform
　http://3d2know.cosn.org/best_practices/chugach.html
　http://www.nwrel.org/nwedu/09-02/chugach.asp

コア・アイデア1：到達ベースのシステム

　チュガッチ学区では，生徒一人ひとりが「学習者プロフィール」を持っています。コア・アイデア2で示しますが，現在の学習到達度レベル，学習スタイル，強み，弱みが記載されています。このプロフィールは，生徒自身，教師，保護者が生徒の学習進捗状況を知るために用います。

　チュガッチ学区では，すべての生徒が，自分がどのレベルにいるのかを把握しています。ある女子生徒の例として，数学のレベルは5，読解ではレベル7，キャリア開発ではレベル6といった具合です。次のレベルに上がるには，さら

[★2] パフォーマンス基準には，これらの高い水準が含まれています；小規模で安全な環境，教員との協働，校長の強力なリーダーシップ，生徒の学習に重点を置くこと，達成へとつながる技術，目標中心，強固な連携。

表 3.3 チュガッチ学区におけるコア・アイデア

1. 到達ベースのシステム	到達ベースによる生徒の学習進度	5
	到達ベースによる評価と単位認定	5
	到達ベースによる生徒の学習記録	5
2. 学習者中心の指導	カスタマイズ（パーソナライズド）学習	5
	プロジェクト型（タスク型）学習	4
	協働学習	4
	個別の教育支援	4
3. 広がりのあるカリキュラム	SCANS カリキュラム	3
	21 世紀型スキル	4
	ホリスティック	4
4. 新たな役割	教師（ガイド）の役割	5
	生徒の役割	5
	保護者の役割	1
	テクノロジの役割	4
5. 調和ある人格を育む学校文化	小規模な学校	5
	強い絆	4
	複数年メンタリング	5
	異年齢混合グループ	5
	楽しめる学習	3
	ガイド自身の学び	5
	家族支援サービス	0
6. 組織構造とインセンティブ	クラスタとしての学校	3
	ラーニング・センター	2
	生徒による選択	3
	ガイドによる選択	3
	管理構造	2
	意思決定の構造	2
	他の家族支援サービス制度との連携	4
	学びの協同組合	0

に上の課題をマスターしなければなりません。

　生徒の成績は，点数や評定ではなく，次の4段階のうちいずれかで評価されます。

・兆しがみられる
・発展途上である
・習熟している
・優れている

これらの評価は，観察，プロジェクト，作文，パフォーマンス，テスト，ポートフォリオを含むさまざまな方法で行われます。すべての生徒は，すべての教科・レベルを学び，「習熟している」という評価を得なければなりません。すべての生徒は，「アセスメント・バインダー」と呼ばれたものの電子版を使っています。スタンダードに即した公式および非公式な情報が蓄積されています。また，すべての生徒は「ライフスキル・ポートフォリオ」を作成しており，すべての基準を「習熟」レベルでクリアするための支援・記録ツールとして活用しています。

コア・アイデア2：学習者中心の指導

生徒一人ひとりの学習プロフィールは，生徒の学習スタイル，強み，弱みだけでなく，生徒の学習の進捗状況を示しています。教師と生徒は，このプロフィールを用いて，生徒個人に合った「個別の学習計画」の作成に役立てています。「個人別学習プラン」には，目標設定，締め切りを設定したアクション・プラン，学習到達度の測定指標・方法などが含まれます。学習目標と学習到達度の測定指標・方法については，生徒自身が設定します。

生徒たちは，プロジェクトを通じて地区が設定する基準のいくつかを満たします。プロジェクトは，実世界との関わりが深いテーマで，例えば，気候変動がもたらす地域への影響などといったものです。生徒と教師は，プロジェクトのテーマが，地域生活との関連性や意義があるものになるように，生徒，学校，地域のニーズや興味関心を絞り込んでいきます。そして，生徒たちが必要なスキルをうまく身につけることができるよう，直接指導したり，学んだことを応用する機会をプロジェクトの中に位置づけるのです。教科書や他の学習教材も，生徒たちの学びを支援するために活用されています。これらはすべて，学習目標の達成に向けて生徒自身が設定した到達基準と関連づけられています。

すべての子どもには，何かしらの特別なニーズがあるものです。生徒たちの学習経験は，彼らのニーズに合わせたものになっているのです。

コア・アイデア3：広がりのあるカリキュラム

　CSDには，幼稚園から高校3年生まで，1,000以上の学習スタンダードがあります。それらの基準は10の学習領域に分けられています。数学，読解，作文，科学，社会科学から成る5つの従来型の教科および，保健体育，サービス・ラーニング，キャリア開発，技術，コミュニケーションと文化（特にアラスカ先住民の土着的文化であるアールティック文化）などが個人あるいは社会的な領域として含まれます。このようにして，すべての子どもたちに対応するカリキュラムが用意されます。この教育システムは，子どもたちの発達のあらゆる側面を考慮しているといえます。

　スタンダードは，個々人のスキルのレベルにまで細分化されています。例えば，「読解力」は，「単語の最初の音を読む」から「記憶したストーリーを思い出して口頭で再現する」までの基準に分かれています。スタンダードは段階的・連続的につくられており，生徒たちは，一つひとつの段階で求められる基準を満たし，次の段階へと上がっていきます。もちろん，学際的なプロジェクトの中で基準を達成していくこともあります。CSDの卒業要件は，主に2つの点で州の定めた卒業要件よりも高度な内容となっています。第一にCSDでは，すべての生徒が，すべての基準において確実に「習熟」ランクに到達しなければならないという点です。第二に，CSDが定めた10の学習領域は，州が定めたスタンダードよりも，より広範囲で，多数の到達基準を必要としている点です。教員は，いくつかのスタンダードを統合し，複数の学習領域とレベルにまたがった，大くくりのテーマ単元を設定することがあります。

コア・アイデア4：新たな役割

　教師は，プロジェクトを設計するために，生徒と協働し，また，生徒のプロジェクトがうまくいくようにサポートします。教師は必要に応じて直接指導も行います。2つとも，コア・アイデア2「学習者中心の教育」の要素です。

　生徒の役割として，自分の学びの主導権を握ることに重きを置いています。生徒たちは，自分の習熟度に合わせたペースで学んでいきます。そして，14歳から21歳の間であればいつでも卒業することができます。生徒たちは成長す

るにつれて，自分自身の学習により責任を感じるようになります。生徒たちは，日常，グループ単位でプロジェクトに取り組んでいますが，評価は個々人の学習到達目標に基づいて行われます。

　テクノロジに関して，CSD は，2002 年に生徒の「学習者プロフィール」を電子化し，学習の進捗を確認できるシステムを導入しました。その結果，教師が紙の束に埋もれることはなくなりました。このシステムは，生徒の学習スタイルや，社会的／感情的指数，到達度や能力を教師が評価するための多くの分析ツールを備えています。豊富な情報が蓄積されたデータベースへと発展しています。教師と生徒の双方がこのシステムを活用することで，次にどのようなスキルを習得すべきか，どのような学習支援がもっとも効果的なのかを判断しやすくなったのです。

　テクノロジは，指導と学習においても，欠かすことのできないものです。CSD が定めた 10 の学習領域のすべてでレベル 4 を達成した生徒には，CSD からノートパソコンが貸与されます。また，各学校には，教室にデスクトップ・パソコンが設置され，校内には iPad が使える部屋（iPad ラボ）があります。ノートパソコンと iPad の数からいうと，生徒とコンピュータの比率は 1 対 1 です。教員も CSD から 1 人 1 台ノートパソコンを貸与されています。

コア・アイデア 5：調和ある人格を育む学校文化

　CSD は，小さな学校を 3 つ運営しています。生徒と教師は，思いやり，信頼，尊敬によって，強い絆で結ばれています。CSD には「学年」という考えはありません。同じ教師が数年間続けて教えることもあります。異なる年齢の生徒たちが同じグループに入り，生徒たちの学習到達度に基づいて教育を受けることができます。生徒たちが，プロジェクトを通じて得られる成果を明確にしながら授業に参加することによって，学びは楽しいものになります。

　教師はやる気を持って協働し，助け合い，教員同士の学び合いを推進しています。例えば，専門の学習コミュニティやチーム・ティーチングを通して，ベテラン教師から新人教師への協同的な支援やメンタリングを推進しています。そして，すべてのチュガッチ学区の教員は，彼らの業績評価平均に応じて，全

員同額の年次業績賞与を受け取ります（10,000 ドルを超えるときもあります）。これは，教師が同僚をサポートすることで改善につながれば，彼らはもっと高い給与を得られることを意味しています。教師たちはテクニックを身につけ，スキルを向上させるために多くの時間を費やしています。教員は年間 30 日間を自らの能力向上のために使えるよう，学区からの支援を受けています。

コア・アイデア 6：組織構造とインセンティブ

　22,000 平方マイルの広さを持つ CSD では，学区に在籍する 300 人の生徒のうち，3 分の 2 は校舎のある学校に通い，100 人の生徒は自宅や公開講座で学んでいます。

　約 200 人の生徒は，学区内にある 3 つの学校に通います。温かく，思いやりの雰囲気にあふれた学校です。生徒に，学校や教師を選ぶことはできません。しかし，生徒たち自身の「個人別学習プラン」（コア・アイデア 2 で紹介）に基づいて，何を学ぶのか，いつ学ぶのかを選択することはできます。

　教師は，自分の役割の範囲内において，裁量を振るうことができます。学校における教育に関する決定は，教員，生徒，コミュニティのメンバーが行います。中央事務局のスタッフは，支援的な役割を果たしています。

　このように，広大な地域にごく少数の生徒しかいないという状況のため，学区にはラーニング・センターはありません。

　この地区では，1 人の校長が，3 校の校長を兼ねています。各校では，教頭が，校長の助言を受けながら日常的な学校運営を取り仕切っています。CSD の教育委員会メンバーは，地区のコミュニティから選ばれます。CSD 教育委員会は，総合的な指針の策定と学校に対する監督業務など，他の地区の教育委員会と同等の役割を担っています。

　CSD は，健康や安全に関するサービスを提供する地元の企業とも連携しています。ある意味，学校がコミュニティ・センターの役割を果たしているともいえます。

費用対効果

　チュガッチ学区では，年間100万ドルの助成金を得ており，生徒一人当たりに換算すると，5,380ドルになります。しかしながら，到達ベースの教育モデルは，多くの費用を必要とはしていません。実は，チュガッチ学区における生徒対教員の比率（ST比）は10:1ですが，これは，生徒が22,000平方マイルに散らばっていることから生じた結果であり，新たな教育パラダイムを導入したことの結果ではありません。個々の学校により多くの生徒たちを集めることができれば，同じレベルの生徒同士による協働学習や学び合いがやりやすくなります。さらに，ファシリテーターとしての教員の役割をより効果的なものにすることができると同時に，交通費の支出を減らすこともできるでしょう。

モンテッソーリ教育のシステム

　情報時代のパラダイムを体現するもっとも古い例が，モンテッソーリ教育です。モンテッソーリ教育は，情報時代が始まるずっと前，1910年に，マリア・モンテッソーリ（Maria Montessori）によって創始されました。モンテッソーリ教育は，真に学習者中心です。子どもたち一人ひとりがかけがえのない個性を持つ存在として深く，心から尊重される教育アプローチです。

　米国内では少なくとも4,000校，世界で7,000校がモンテッソーリ教育認定校です。米国とカナダにある公立学校約200校では，モンテッソーリ教育認定プログラムを実施しています。大規模かつ人気のあるインターナショナル・スクールのモデルとして知られています。

有効性を表す客観的データ

　2006年，サイエンス誌にある研究が発表されました。5歳から12歳までの子どもたちを対象としたその研究は，市内にある公立のモンテッソーリ学校に通う子どもたち（実験群）と，モンテッソーリ学校入学のための抽選に漏れ，他の一般的な学校に通う子どもたち（統制群）を比較したものです。この研究では，モンテッソーリ学校の子どもたちのほうが，他の学校に通う子どもたちよ

りも優秀であると結論づけられました。国語や数学といった伝統的な教科だけでなく、社会的スキルの高さも立証されたのです。[3]

　幼稚園卒園時において、モンテッソーリ教育を受けた子どもたちは、一般的な教育を受けた子どもたちに比べて、国語や算数の成績が優れていました。モンテッソーリ教育を受けた子どもたちは、園庭で遊びながら、積極的に人とかかわる機会をたくさん持ち、社会的なスキルを磨きながら、自制心も身につけていたのです。また、モンテッソーリ教育を受けた子どもは、公平さと正義に強い関心を示します。小学校卒業時になると、モンテッソーリ教育を受けた児童は、よりクリエイティブな文章を書き、より複雑な文章構造を活用し、社会的なジレンマにもより建設的な考えを示し、学校の共同体意識をより強く感じている傾向があります。

　ドルマン（Dohrmann）らの研究からも同様の知見が報告されています。[4]その研究では、公立のモンテッソーリ学校の高校生とそれ以外の学校に通う高校生を比較し、モンテッソーリ学校の生徒のほうが数学と科学において優れた成績を上げているという結果が明らかになっています。

　それだけではありません。ラスンド（Rathunde）とチクセントミハイ（Csikszentmihalyi）による2つの研究によると、モンテッソーリ学校の中学生は、他の学校の生徒に比べて、学校での学びに意欲的で、社会と積極的にかかわろうとしていることがわかりました。[5]

[3]　アンジェリン・リラード（Angeline Lillard）、ニコール・エルス＝クエスト（Nicole Else-Quest）、「創生期：モンテッソーリ教育を評価する（The Early Years: Evaluating Montessori Education）」、サイエンス誌 313, 5795 (2006年9月), 1893-94.

[4]　キャスリン R. ドルマン（Kathryn R. Dohrmann）、トレイシー K. ニシダ（Tracy K. Nishida）、アラン・ガートナー（Alan Gartner）、ドロシー K. リプスキー（Dorothy K. Lipsky）、ケビン J. グリム（Kevin J. Grimm）、「公立モンテッソーリ学校における高校生の学習成果 (High School Outcomes for Students in a Public Montessori Program). Journal of Research in Childhood Education, 22 (2007), 205-17.

[5]　ケビン R. ラスンド（Kevin R. Rathunde）、ミハイ・チクセントミハイ（Mihály Csíkszentmihályi）「中学生の意欲と経験の質：モンテッソーリ教育と伝統的な学校環境との比較 (Middle School Students' Motivation and Quality of Experience: A Comparison of Montessori and Traditional School Environments)」American Journal of Education, 111, 3 (May 2005), 341-71
　ケビン R. ラスンド、ミハイ・チクセントミハイ「中学校の社会的文脈：モンテッソーリ教育と伝統的な学校環境における教員、友人、および活動 (The Social Context of Middle School: Teachers, Friends, and Activities in Montessori and Traditional School Environments)」The Elementary School Journal, 106, 1 (September 2005), 59-79.

コア・アイデア

表3.4は，2章で説明したコア・アイデアが，モンテッソーリ学校においてどのくらい浸透しているのか，概算的な数字で示しています。モンテッソーリ教育システムで主に導入されているコア・アイデアは以下の通りです。モンテッソーリ教育システムについての詳細な情報は，これらのサイトを参照してください。

http://www.montessori.org/
http://montessori.k12.in.us/programs/index.php
http://www.montessori.edu/

表3.4 モンテッソーリ教育のコア・アイデア

1. 到達ベースのシステム	到達ベースによる生徒の学習進度	5
	到達ベースによる評価と単位認定	5
	到達ベースによる生徒の学習記録	5
2. 学習者中心の指導	カスタマイズ（パーソナライズド）学習	5
	プロジェクト型（タスク型）学習	4
	協働学習	2
	個別の教育支援	5
3. 広がりのあるカリキュラム	SCANSカリキュラム	2
	21世紀型スキル	3
	ホリスティック	5
4. 新たな役割	教師（ガイド）の役割	5
	生徒の役割	5
	保護者の役割	2
	テクノロジの役割	0
5. 調和ある人格を育む学校文化	小規模な学校	5
	強い絆	5
	複数年メンタリング	5
	異年齢混合グループ	5
	楽しめる学習	5
	ガイド自身の学び	2
	家族支援サービス	0
6. 組織構造とインセンティブ	クラスタとしての学校	5
	ラーニング・センター	5
	生徒による選択	5
	ガイドによる選択	5
	管理構造	該当なし
	意思決定の構造	該当なし
	他の家族支援サービス制度との連携	1
	学びの協同組合	0

コア・アイデア1：到達ベースのシステム

　モンテッソーリ学校の生徒は，一つひとつの課題について，完全に習得するまで取り組みます。習得した後，つまり，発達面および学習の前提条件を満たしたとき，次の新しい課題へと進みます。生徒の年齢や学問領域を考慮し，さまざまな評価方法が用いられます。しかし，評価は常に「習得」したかどうかを判断基準とするため，評定がつけられることはありません。教師は，生徒の学習活動の様子を観察することで評価を行います。その意味で，教えることと評価は完全に一体のものとなっています。このアプローチは，学習を改善し（形成的評価），学習到達度を保証（総括的評価）します。

　たとえば，算数，綴り方，文法などの科目では，小学校段階の子どもたちはペアになり，協働学習やフィードバックを行い，スキルをさらに向上させています。成績表には，子どもたちがさまざまな課題にどのくらい到達したのかが記録されます。

コア・アイデア2：学習者中心の指導

　モンテッソーリの教室では，一人ひとりが各人の持つ具体的な学習目標を達成できるように学習が設計されており，大半はタスク・ベースの活動です。小さな子ども向けのタスクには，ハンズオン型の学習活動を取り入れています。そうすることによって，抽象的な概念であっても，明快かつ具体的に理解できます。例えば，子どもたちは，低い年齢であってもビーズを使えば，足し算，引き算，かけ算，わり算，さらには累乗まで理解することができます。年齢が上になるほど，ハンズオン教材を使う頻度は減っていきますが，それでも体験型学習は続けられます。

　モンテッソーリ教育で学ぶ生徒は，同じ課題を一斉にすることはありません。学習は，完全にカスタマイズされています。協働学習の形式をとることはほとんどありませんが，生徒どうしが学び合い，社会的スキルを磨く機会は存在します。

　3歳から5歳まで，6歳から8歳までのグループに分かれた子どもたちは，毎週，その週の計画を立てます。日ごとに何をするのか，そして，できたのかど

うかを確認します。9歳から11歳まで，12歳から14歳まで，15歳から18歳のグループでは，3か月ごと（四半期）の計画を立てます。

　一部の小学校では，3か月ごと（四半期）の成果や，生徒たちの論文テーマについての正式な会議を開くこともあります。会議には，生徒，保護者，教師がメンバーとして参加します。教育の専門家からの助言と励ましを受けて，子どもたちは，何を，いつ学ぶべきなのかを自身で決めていくのです。

　認知障害や発達障害を持つ子どもたちも，他の生徒たちと同じく，個々人に合わせた対応を受けています。特別な支援が必要な子どもと，それ以外の子どもを画一的な一般学級に適応させるのとは，まったく反対の出来事が起きています。認知障害を持つ子どもたちのために用意されていたカスタマイズ，個別化された学習環境を一般の生徒も利用するのです。

コア・アイデア3：広がりのあるカリキュラム

　モンテッソーリのカリキュラムは，モンテッソーリ哲学に多大なる影響を受けています。学ぶことへの情熱を育み，子どもの全人的な発達を促し，子どもを尊重し，具体から抽象への理解を促進するために，異年齢の子どもたちによる混合グループで「為すことによって学ぶ」ことを実践しています。カリキュラムは，言語科目（読解，文学，文法，創作，綴り方，筆記），数学および幾何学（グラフや文章題など），文化的科目（歴史，地理，科学，探究），日常生活のスキル，知覚認識の練習，平和学習，外国語教育，美術，音楽，演劇，運動から構成されています。

　カリキュラムの大半は，異なる科目間のつながりを意識させるようなつくりになっています。共通する要素は，批判的思考（クリティカル・シンキング），作文，探究です。歴史の授業は建築や芸術，科学，テクノロジとリンクしています。そして，生徒たちは社会への奉仕活動（コミュニティ・サービス）を通じて，他者への思いやりを学びます。

コア・アイデア4：新たな役割

　モンテッソーリ教育における教師の役割は，「ガイドとして寄り添う」ことだ

と言われています。子どもたちの準備が整ったとき，教師はガイドとして新しい活動へと導きます。そして，子どもたちが教材を適切に扱えているかを確認し，学びが順調に進むよう，励ましていくのです。教師の役割は，伝統的な役割と大きく異なります。そこで，モンテッソーリ教育の組織は，長く勤められる教師を求めています。たとえ最年少（3歳）の子どもであっても，やる気が続く間は，教師による支援のもと，自己主導型の学習活動に取り組むよう励まされます。モンテッソーリ教育の実践を視察した人々は，たくさんの子どもたちが長時間，それぞれの学習活動に没頭している様子を見て驚くのです。

モンテッソーリ教育で学ぶ生徒たちは，「ノーマライゼーション」と呼ばれる過程を経て，アクティブかつ自己主導型の学習者に成長します。「ノーマライゼーション」とは，子どもたちが学習の重点課題を決め，集中力を発揮し，他の学習者の活動を妨げない落ち着いた環境で自律して学ぶスキルを育てることです。

テクノロジは，ハンズオン教材という形で，子どもたちの学習に中心的な役割を果たしています。これらの教材は，指導と評価を同時に行えるタスク中心の学習環境を提供しています。年齢が上の生徒たちは，コンピュータを使ってインターネット上のリソースにアクセスします。ワープロソフトを使ってレポートを執筆します。モンテッソーリ教育システムでは，学習記録や，個別の学習計画の作成，評価にコンピュータを使うことはほとんどありません。記録や個別の学習計画は，パンチカードを含む紙ベースで保存・作成されています。評価は，教師による観察と児童・生徒の成果物によって行われます。

コア・アイデア5：調和ある人格を育む学校文化

モンテッソーリ教育の学校は小規模で，配慮の行き届いた学習環境です。教師と生徒が互いを尊重し合い，強い絆を築くことができるようになっています。教師は，生徒の発達レベルに応じた異年齢混合グループ（3年間）を教える中で，生徒たちの内発的動機づけを養っていきます。クラスのレベルは，幼児（3歳～5歳），小学校低学年（6歳～8歳），小学校高学年（9歳～11歳），中学生（12歳～14歳），高校（15歳～18歳）に分かれています。3年間，同じ教師が

担任することがほとんどです（複数年メンタリング）。

コア・アイデア6：組織構造とインセンティブ

　多くのコミュニティにおいて，モンテッソーリ教育の教師は，校長職を置かず，自分たち自身で学校を経営する専門家でもあります（2章で述べたクラスタに類似しています）。インディアナ州ブルーミントン市にあるブルーミントン・モンテッソーリ・スクールは，長い間このやり方で運営されてきました。この学校は，現在は校長がいますが，校長の主な役割は広報・渉外の窓口と，事務の責任者です。カリキュラムと教育についての決定は，各学年グループの主任教師が行っています。

　教室内には，言語技術，日常生活スキル，地理学など，特定の科目分野に特化したラーニング・センターが設置されています。科目の分野ごとに，アクティブかつハンズオンの学びを支援する教材が，誰でも利用できる場所に置いてあります。生徒の個別的な活動を支援するだけでなく，ディスカッションや協働学習を促す場所でもあります。

　モンテッソーリ教育を行っている学校の多くは私立学校です（公立校もあります）。つまり，保護者は，子どもをモンテッソーリ教育学校に入れることを選択しています。保護者や生徒は，定期的に教師に対するフィードバックを提供します。これにより，官僚的な意思決定システムではなく，利用者主導の意思決定システムが行われています。もし学校が生徒のニーズを満たすことができなければ，保護者は，他のビジネスの顧客のように「足による投票」，つまり，自分たちの望む教育サービスを提供してくれる学校へと転校していくでしょう。これらの仕組みは，学校が学習する組織として常に変化し続けていく助けとなっています。

　中には，保護者を中心とした理事会を持つモンテッソーリ教育学校もあります。その理事会は，学校の行政管理的な責任を担うこともあります。ブルーミントン・モンテッソーリ・スクールの例を紹介しましょう。メンバーの一人は財務部長として，簿記担当者を雇い，一緒に業務を担当しました。他のメンバーは人事部長として，学校のすべての教職員の雇用と人事を担当しました。あ

るメンバーは保守管理部長として，修繕をしたり，適切なメンテナンス業者との契約を担当しました。資金調達部長兼長期計画部長として，貴重なスキルを学校のために役立てたメンバーもいました。モンテッソーリ学校の保護者たちは，たとえ理事会のメンバーでなくとも，子どもたちのために，積極的に意思決定に関わっています。

モンテッソーリ教育学校の一部では，特に健康や子育てに関する課題について，地域の社会サービス機関と連携しています。

費用対効果

モンテッソーリ教育学校の運営コストは，他に比べてとても低くなっています。校長職を置いていないことや，地域事務所による支援が不要といった理由によります。モンテッソーリ学校のオーナーは，一般的に教育と学校運営の両方を行います。加えて，教育プロセスの中で教材が大きな役割を担っているため，同じレベルの公立校より生徒一人当たりにかかるコストが低いまま，カスタマイズされた教育を実施できています。

その他の情報時代における学校システム

この章で紹介した3つの情報時代の教育システムは，米国内で何百人もの教育者がさまざまに実践している教育のわずかな例にすぎません。付録Aでは情報時代の教育パラダイムにおけるコア・アイデアの多くを採用し，実践している学校のリストを掲載しています(本書では割愛)。この基準において高いレベルを達成している学校をご存じでしたら，詳細を reigelut@indiana.edu 宛に送ってください。

この章の要約

表3.5は，この章で説明した3つの学校システムのそれぞれで実践されているコア・アイデアをまとめたものです。

表3.5　各学校のシステムにおけるコア・アイデアのまとめ

コア・アイデア	コア・アイデアのサブ・カテゴリ	1	2	3
1. 到達ベースのシステム	到達ベースによる生徒の学習進度	5	5	5
	到達ベースによる評価と単位認定	5	5	5
	到達ベースによる生徒の学習記録	5	5	5
2. 学習者中心の指導	カスタマイズ（パーソナライズド）学習	5	5	5
	プロジェクト型（タスク型）学習	5	4	4
	協働学習	3	4	2
	個別の教育支援	5	4	5
3. 広がりのあるカリキュラム	SCANSカリキュラム	4	3	2
	21世紀型スキル	4	4	3
	ホリスティック	5	4	5
4. 新たな役割	教師（ガイド）の役割	5	5	5
	生徒の役割	5	5	5
	保護者の役割	4	1	2
	テクノロジの役割	3	4	0
5. 調和ある人格を育む学校文化	小規模な学校	5	5	5
	強い絆	5	4	5
	複数年メンタリング	5	5	5
	異年齢混合グループ	5	5	5
	楽しめる学習	5	3	5
	ガイド自身の学び	3	5	2
	家族支援サービス	0	0	0
6. 組織構造とインセンティブ	クラスタとしての学校	5	3	5
	ラーニング・センター	3	2	5
	生徒による選択	5	3	5
	ガイドによる選択	5	3	5
	管理構造	該当なし	2	該当なし
	意思決定の構造	該当なし	2	該当なし
	他の家族支援サービス制度との連携	4	4	1
	学びの協同組合	0	0	0

注：
　1＝ミネソタ・ニュー・カントリー・スクール
　2＝チュガッチ学区
　3＝モンテッソーリ教育のシステム

4

どうやって変えていくのか？

　工業時代の教育パラダイムから，現代の生徒たちやコミュニティが求める情報時代のシステムへ。米国はどのようにすれば移行できるのでしょうか？ このような根本的な変化は，既存のパラダイムの中で小さな改善を起こすよりも，はるかに困難でリスクを伴います。したがって，どうやってやるのかという方法が，この変化ではとても重要です。米国の教育システムに変容を起こす方法を知るためには，パラダイム転換のための新しい**方略**，そのプロセスを導く**原則**，それ以外の**残された課題**を理解する必要があります。

　パラダイム転換のプロセスについて，価値ある知見を研究者が開発してきたことは朗報といえます[1]。例えば1992年から，フランシス・ダフィ（Francis Duffy）とチャールス・ライゲルース（Charles Reigeluth）は，多くの実践者兼研究者の業績を，学校システム転換プロトコル（The School System Transformation Protocol）と呼ぶ知識ベースに統合しています。彼らは，インディアナポリスの小さな学校区，ディケーター・タウンシップの都市学校区でのフィールド調査を通して，この知識ベースの改善にも取り組んでいます。地域規模でのパラダイム転換は，3章でご紹介したアラスカのチュガッチ学校区ではすでに実現しています。パラダイム転換を支えるツールを付録Cに収録しました。

★1　教育部門では，ベラ・バナシー（Bela Banathy），フランシス・ダフィー（Francis Duffy），フィリップ・シュレッチー（Phillip Schlechty），パトリック・ジェンリンク（Patrick Jenlink），チャールス・ライゲルース（Charles Reigeluth）といった研究者があげられます。企業部門では，ラッセル・アコフ（Russell Ackoff），ピーター・センゲ（Peter Senge），ハマーとチャンピー（Hammer & Champy）があげられます。

パラダイム転換を促す方略

　本セクションでは，パラダイム転換を創出する2つの主要な方略を説明します。一つは，既存の学校を変容させることを，もう一つは，新たな学校をデザインすることを中心としています。後者（新しい学校を一からデザインする）は，既存の学校を変容するよりも容易です。なぜなら次のことが可能になるからです。

- 今いる教師のメンタルモデルを進化させる必要がなく，情報時代パラダイムに見合ったメンタルモデルを持つ教師を雇えばよい。
- 現在の学校文化を変化させる必要がなく，新たな文化を創造すればよい。
- （教師，生徒，管理職の）古い行動パターンを根絶し，新しい行動パターンを支援する必要がなく，新しい行動パターンを確立すればよい。
- 生徒や保護者のメンタルモデルを進化させる必要がなく，情報時代の教育パラダイムを求める生徒や保護者を呼び込めばよい。
- 既存の施設をリモデル（改修）したり，適切なものに置き換える必要がなく，新しいパラダイムに見合った施設やリソースを選ぶか，つくればよい。

　このように，望ましい環境を一から構築するほうが容易ですが，一から始めるという贅沢な機会に恵まれることは稀です。

　これら2つの主要なパラダイム転換方略は，活動の範囲によって，いくつかのアプローチがあります。すなわち，個々のチャーター・スクールの範囲，学校区，そして州教育局です。このセクションでは，これらの範囲に基づいて説明します。

チャーター・スクール

　一つの学校をデザインすることは，パラダイム転換を目指すうえでは小規模なアプローチです。そのぶん，もっとも迅速かつ容易に実現できます。しかしながらこのアプローチを学区の中の個々の学校でやっても，あまり効果は期待で

きません。なぜなら，学校区の中で学校は皆，他校との間（ピア・システムと呼びます）で，そして学区やコミュニティのように，より大きなシステム（上位システムと呼びます）と，互いに強固に関連し合っているからです。

　言い換えると，学区内の中央局と他の学校が強く結びついているということは，異なるパラダイムの学校にとっては，学区内の他のさまざまな要素との間で相容れない点があるということです。革新的な学校には，現時点で優勢なパラダイムに戻るよう強いプレッシャーがかかります。ミネソタ州セントポールのサターン・スクール・オブ・トゥモロウ（the Saturn School of Tomorrow）やニューヨーク市のマイクロソフト・スクール・オブ・フューチャー（Microsoft School of the Future）のような，多くの刺激的なモデル校が工業時代パラダイムに戻ってしまったのは，このプレッシャーが理由の一つです（巻末文献の「関連ウェブサイト」を参照）。

　この力学をうまく避けるには，その学校と上位システムとのつながりを緩める方法があります。チャーター・スクールがまさに実践していることです。チャーター・スクールには，他と違う取り組みをする自由があります。残念ながら，それを生かしている学校はほんのわずかです。工業時代パラダイムの中で少しずつの変化を生み出すことを選択しています。しかし，既存のチャーター・スクールは，変容させることが**できる**し，新規のチャーター・スクールなら，一からデザインすることが**できます**。本書著者の一人が監修しているミネソタ・ニュー・カントリー・スクール（Minnesota New Country School）（3章にて記述）やロバート・フロスト・チャーター・スクール（Robert Frost Charter School）は，今日の生徒のニーズを満たす教育パラダイムのために特別に生み出されたチャーター・スクールです。付録Aに掲載した（本書では割愛）多くの新パラダイムの学校はチャーター・スクールです。

　この小規模なアプローチは，もっとも速く完成させることができます。大規模なパラダイム転換のために予算を確保する際,「コンセプトの実証」例として理想的です。さらには,（1章で述べたSカーブの発展を推し進める）新パラダイムの有効性を実証する研究開発の促進にもつながります。

学　区

　中規模のアプローチは，情報時代のパラダイムに則って運用する新たな学区をデザインすることです。学区は，その上位システム（州教育局）や，ピア・システム（他の学区）との間のつながりが比較的弱いものです。州による規制が免除されている場合はなおのこと，工業時代パラダイムに引き戻す強い力が働くことなく，異なるパラダイムに移行できます。

　学区をまったく新規につくり出すことは稀です。よって，ここでのアプローチは，その方策のほとんどが，既存の学区を変容させることになります。学区のサイズによって，次の2つの方法のいずれかを実行できます。

- **小規模の学区**：アラスカのCSD（3章で記述），インディアナ州ディケーター・タウンシップのインディアナポリス都市学校区（the Indianapolis Metropolitan School District of Decatur Township）やコロラドのアダムス50学区（the Adams 50 School District）で実際に行われているように，学区全体を変容対象とします。このアプローチは，規模の大きい複雑な学区向けではなく，小さい学区（学区に高校が一つだけある程度）でのみ実現可能です。
- **大規模の学区**：「チャーター区」方略が，より大規模な学校区域には有効です。既存の学校理事会が，新しい地区（自前の教育長，中央局，そして複数の学校を持つ）を開設し，新パラダイムに従って運用します。チャーター区は小さくなければなりません。一つの高校に，それより下の全生徒が入学する，といった規模です。チャーター区の予算は，従来型の学区の生徒一人当たりの予算と同額とします。そして新区域では，既存の施設，人材，そして通学バスのようなサービスを活用します。

　従来学区の教師や管理職は，新しい学区に移るためには，応募し，選ばれる必要があります。この新しい，並行システムは，小規模から開始できます。サブ・システムが開発され，バグ（問題）が解消され，教師や保護者がそのメリットを認識するにつれて，より多くの教師や施設を徐々に巻き込むことができ

ます。

　どちらにしても，中央局と該当する学区の学校は間違いなく変容します。学区の「供給システム」の内にあるすべての学校（一つの高校に生徒を送り込むすべての小中学校）に起きます。供給システムは，他の学区の供給システムとの関係性は比較的希薄です。つまり，他のシステムから，変容したものをもとの状態に戻そうとする影響が少ないということです。

州教育局

　大規模アプローチは，一般的には教育局と呼ばれる州教育機関が，学校区の情報時代パラダイムへの変容を監督することです。すべての学区域か，戦略的なチャーター区のいずれかを対象とします。このアプローチは，パラダイム転換を成功へと導くための専門性やリソースを学区が欠いている，という認識がきっかけになります。

　大規模アプローチは，州のリーダーたちと「転換のための対話」を行うことからはじまります。公教育においてパラダイム転換がどのようなもので，どの程度の必要性があるのかを議論します。オハイオ州では，知識労働財団のリーダーシップのもとで実施された例があります。州知事，議会のリーダー，教育協会のリーダー（教師，管理職，学校理事会等），ビジネス界のリーダー，高等教育のリーダーまで，公教育に関わる州レベルのすべてのリーダーが含まれていました。

　転換のための対話を通して，教育局内あるいは独立した半自治的「転換」ユニットをつくることが確約（立法措置を含む）されます。このユニットの目的は，新パラダイムに変容する準備ができている学校区を支援するために，経験あるファシリテーターやリソースを提供することです。

　このアプローチは，本節で示した３つのアプローチのうち，もっとも複雑かつ長期にわたるものです。それでも，州システムに広くインパクトを与え，学区規模の転換を成功させるために必要なノウハウやリソースを提供するための，唯一の方法です。

パラダイム転換を引き起こす原則

　人々は多くの場合，良いものを残し，悪いものを変えようとアプローチします。しかし，**パラダイム**転換が求められるという稀な状況では，小規模な変化や改善ではなく，完全な変化・変容を考えることが非常に重要です。工業時代の黎明期には，人々が鉄道を開発するのではなく，馬と荷車を改善することに注力していたとしたら！　もちろん，今日の鉄道は，その当時の鉄道と同じではありません。小規模の変化は，鉄道開発のSカーブを進めていくうえで重要でした。教育の新パラダイムにおいても同様です。

　パラダイム転換というこの根本的な課題の背後には，以下のセクションで記す数々の基礎となる原則があります。マインドセットの変化／合意形成／広範な関係者の当事者意識／創意／理想をデザインする／リーダーシップと政策支持／心構え・理解力・文化／システムの梃子／転換プロセスの専門家／時間と資金／テクノロジ。これらの原則は，ディケーター・タウンシップのインディアナポリス都市学校区での経験（2001年から2013年）に基づいており，そして，教育とビジネス組織の変容に関する研究をもとにしています。また，パラダイム転換ツールのいくつかを資料Cに記載しています。

「マインドセットの変化」の原則

　「**マインドセット**」は，特定のものの見方を示すメンタル・モデルを集めたものです。新パラダイムでは，関係者間で教育システムについてのマインドセットを変える必要があります。例えば，「壇上の賢者」としての教師と「傍らで導く人」（2章参照）としての教師とでは，指導や学習についてまったく異なる考え方をしています。そして，工業時代の教育システムにおける序列主義のマインドは，1章で示した現代世界で必要とされる，学習中心のマインドとは正反対のものです。

　工業時代の教育観から情報時代の教育観へとマインドセットを変えることは，パラダイム転換を進めるうえで**もっとも**重要な点です。その理由は2つあります。

- 第一に，マインドセットの変化なくして，情報時代の教育パラダイムを実践することはできません。教師，生徒，管理職，保護者，コミュニティ・メンバー，これらすべての人々が，新しいパラダイムでは，それぞれ従来と異なる役割を担います。役割を果たすには，各人は教育プロセスのどこに位置し，どんな貢献が成功につながり，それぞれの貢献がなぜ重要なのかを理解する必要があります。
- 第二に，マインドセットを変えなかった人たちは，新パラダイムへの転換に抵抗します。その結果，変化のプロセスは失敗してしまいます。

したがって，現在の教育システムを変容するプロセスは，学びのプロセスである必要があります。つまり，関係者がマインドセットや教育観を進化させることを助けるのです。新規に学校をデザインする場合，適切なマインドセットを持った教師や管理職を採用すればよく，現状のマインドセットを進化させる支援は不要になります。1960年代の市民権運動と同様に，マインドセットを変えることは，態度や行動を変えるうえできわめて重要です。強制されてできるようなものではありません。

「合意形成」の原則

教育に関するマインドセットを人々が学び，進化させるもっとも効果的な方法があります。それは，新しいシステムと変化のプロセスについて意思決定する際，合意形成プロセスを用いることです。合意形成の際，参加者は新しいアイデアについて学び，そのアイデアに対して他者がなぜ違う考え方をするのかを理解するために，関係者と議論を重ねます。他の考えはどのような前提に基づいているのか，他の案はないかといったことも含め，オープンに検討します。このプロセスを経て，参加者は教育についてのメンタル・モデルを進化させ，意思決定のための共通理解を深めます。これらのプロセスが，生徒のニーズに合致した，よりよいデザインへと導くのです。

意思決定のための合意形成プロセスは，工業時代の独裁的な意思決定プロセスとは対照的です。民主的な意思決定プロセスとも著しく異なります。「多

数決」は勝者と敗者を生みます。不満を持つ，対立的な少数派を生み出します。抵抗や妨害行為が引き起こされるのも避けられません。また，民主的な意思決定は学習プロセスではありません。人々のその時点の知識とマインドセットのままで運用されます。複雑なシステムのパラダイム転換に（多数決は）うまくいかないのです。

「広範な関係者の当事者意識」の原則

メンタル・モデルの変化は，パラダイム転換を成功させるためにとても重要です。よって，多くの関係者が，変化のプロセスに関与しなければなりません。関わることによってのみ，メンタル・モデルは進化します。さらに，多様な視点で見ることは，発明プロセスの創造性や有効性を高めます。

関係者は，関与のレベルを超えて，変化のプロセスに**当事者意識**を持つことができると，コミットメントはより実質的なものとなります。変化への抵抗は弱まり，持続性を確保できます。関係者はそれぞれに，異なる価値観や視点を持ち，教育において何を重要と考えるのかも違います。合意形成と，それを維持するプロセスが構築されない限り，関係者に変化を促しても，不和や分裂を生むだけです。関係者の当事者意識を啓発するために，異なるパラダイムのリーダーシップが必要なのは，こうした理由によります（このあとの「リーダーシップと政策支持」の原則に記述）。信頼，開放性，透明性の確保が求められます。

このような当事者意識を構築するために，望ましい最初の一歩は，学校システムにおいて，パラダイム転換を導く関係者・グループの中からそれぞれのオピニオン・リーダーを集めたチームを投票権の有無にかかわらず編成することです。

まとめると，広範な関係者の当事者意識と合意形成プロセスは，関係者の教育に関するメンタル・モデルを進化させる助けになります。変容プロセスは何よりもまず，**学習プロセス**です。この原則は，パラダイム転換を成功させるうえできわめて重要です。

「創意」の原則

　情報時代の教育パラダイムは，1927年の航空輸送の発達段階と同じステージにあります。当時，ライト兄弟は航空旅行というコンセプトは実現可能であることをすでに証明していました。チャールズ・リンドバーグが大西洋を横断したタイミングです。航空旅行へのニーズは，次第に明らかになっていきました。空路による時間の節約は，ビジネスマンや政治家にとって，とても価値があったからです。しかしながら，さらなる創意が積み重ねられる必要がありました。

　教育においても同様です。学習者中心のパラダイムが実現可能かつ必要であることを示す証拠はあります。いくつかの学校は新パラダイムの初期段階を実践しています。そして多くの点で，工業時代パラダイムよりもすでによい成果をあげています（3章参照）。しかしながら，もっとも効果的，効率的にシステムを運用するためには，システムのさまざまな部分を発展させたり，つくりかえたりする必要があります。

　他所のベストな事例を適用さえすればよいわけではありません。コミュニティによって，対応すべきニーズや状況は異なるからです。あるコミュニティでうまくいったことが他でうまくいくとは限らないのです。

　「包括的な学校デザイン」や，コミュニティ外で開発されたモデルを適用するのでは，うまくいかないのはこうした理由によります。そうではなく，新しいパラダイムは，それぞれのコミュニティにおいて，そこにいる関係者によってデザインされなければならないのです。創意は，教育者たちが各地でつくり上げてきた知見に基づいて検討され，構築されるべきです。しかしながら，保護者，生徒，コミュニティ・メンバー，教育者は，教育に関する自身のメンタル・モデルを進化させ，彼らのニーズに真に合致した新しいシステムを構築しなければなりません。

「理想をデザインする」原則

　新しい教育パラダイムを発明することは，以下の2つの理由から反発を受けます。

1. 関係者は，すでにある最善策を採用し，**自身**の理想について検討するプロセスを省略したがる傾向がある。
2. 教育者は実践家であるために，理想はあくまで非現実的で，時間の浪費だと考える傾向がある。

これらの課題に打ち勝つための効果的方法は，関係者に，学校はいったん存在しないものと仮定して，理想的な学習経験をつくり上げなければならない状況を想像するよう尋ねることです。自身を 10 歳の生徒の立場に置き換え，どのように学びたいのか描写してもらうのです。このアプローチは重要です。人々は，実務的な事柄を頭から追い出し，ブレーン・ストーミングを行ってみると，それまでに考えもしなかったような選択肢を考えつくものです。これが学習，マインドセットの変化，創意を促進します。すると彼らは，理想とするアイデアを，新しいシステムを実施するうえで不可欠なものとして位置づけられるようになります。しかも，システムを理想に向けて進化させ続けようとします。「絵に描いた餅」と思っていた理想が現実のものとなることは，よくあることなのです。

学習者中心のパラダイムには，さまざまな形態があります。コミュニティは，理想に基づいて判断し，理想にもっとも近い既存のシステムを探し，自分たちの理想により近づけられるような改善策を発明するべきです。

「リーダーシップと政策支持」の原則

関係者の当事者意識と合意形成に基づいた意思決定スタイルは，異なるパラダイムのリーダーシップを必要とします。工業時代の監督，トップダウン，指令と制御といったパラダイムは，新しいシステム（2 章に詳述）やパラダイム転換のプロセスには，生産的ではありません。情報時代が求めるリーダーシップとは次のようなものです。すなわち，すべての関係者の間でビジョンを共有し，それを遂行するために参加者を力づけ，持続するよう支援し，職能開発などのリソースを必要なときに提供するといったことが含まれます。

こうしたアプローチにより，変化をデザインするうえでの創造性と，新たな

デザインに取り組む決意が生まれます。「**奉仕的リーダーシップ**」とも呼ばれる，情報時代パラダイムのリーダーシップです。

　リーダーに相応しい類の人材（教育長と学校理事会メンバー）を配置しているかどうかは，「準備要因」（次節を参照）の大部分を占めます。つまり，パラダイム転換の準備ができているかどうかの判断基準といえるでしょう。もし不十分な場合，これを改善する手続きが加わります。パラダイム転換，パラダイム転換のプロセス，奉仕的リーダーシップ・スタイルに関する理解を深めるために，学区の教育長，学校理事会，その他の影響力を持つ人々と外部ファシリテーターが協力して取り組むのです。

　既存の学校システムを変容するにしても，新しい学校を始める場合にしても，政策が支持されていることも重要な要素です。現行の学校区は，専任され，任命されたリーダーによって運営されています。彼らはパラダイム転換を支持することを納得していなければなりません。彼らの支持なしには成しえないのです。学区内の教育長，学校理事会，教師のリーダー，他の影響力のある人々が，パラダイム転換とは何なのか，なぜそれが必要なのか，それを実現するために何が必要となるのかを理解し，政策を支持する必要があります。

「心構え・理解力・文化」の原則

　パラダイム転換には困難がつきものなので，学校システムの心構えと理解力が一定レベルに達するまで，取りかかるべきではありません。パラダイム転換プロセスにおける心構えと理解力の両方にとって，文化は重要です。根本的な変化は，文化も何らかの形で変えていきます。ただし，ものによっては，システムを転換させるために，先行してつくる必要がある文化もあります。

　パラダイム転換のための重要な文化は次のようなものです。エンパワーメント，参画，合意形成，コラボレーション，システム思考，信頼，透明性，非難しないなどの態度の適切さです。これらの文化は，情報時代の教育パラダイムの重要な特徴でもあります。

　しかし，パラダイム転換のための心構えと理解力は，文化の適切さ以上に重要です。関係者をエンパワーするには，奉仕的リーダーシップについての理解

と関係者間で高いレベルの信頼関係を構築する必要があります。心構えと理解力は他にも，システムについて考えること，理想を持ってデザインすること，コンセンサスを得て意思決定すること，グループの作業として進めること，継続的に改善と持続可能性について理解すること，などのノウハウが含まれます。パラダイム転換に取りかかる前に，十分な理解力をつけておかなければならないのです。

「システムの梃子(てこ)」の原則

　複雑なシステムでは，各部分は相互に連動して機能しています。システムの一部を根本から変えてしまうと，他の箇所との互換性を損なうため，もとの状態に戻そうとする力が働きます。ミネソタ州セントポールで開設された「サターン・スクール・オブ・トゥモロウ」のように有名な学校をはじめ，多くの有望なモデル校が工業時代パラダイムに逆戻りしてしまいました。その理由の一つは，より大きな相互接続したシステムとの互換性を失くしたことにあります。

　これを避ける一つの方法は，すべての部分を一度に変えてしまうことです。しかしながら，複雑なシステムについて，完璧なデザインや青写真をつくり出すことは難しく，費用も時間もかかります。代替案としては，根本的な機能のいくつかを選んで変化させ，旧来のシステムの残りの箇所に変化するようプレッシャーをかけることです。旧来の箇所が新しい箇所を戻そうとするよりも強いプレッシャーをかけるのです。言い方を変えれば，最初に起こす変化は，システムを動かす梃子とならなければなりません。マルコム・グラッドウェルが言う「転換点」。つまり，変化を維持することができ，最初の変化を助けるように，残りの部分の変化が起きていくといった具合です。

　教育において梃子の力が強い変化には，評価システム（集団準拠から目標準拠へ），生徒の進度システム（時間ベースから到達ベースへ），指導計画システム（教師の授業計画から生徒の個別の学習計画へ），教師の役割（「壇上の賢者」から「傍らで導く人」へ）などが含まれるでしょう。このような梃子の力が強く働くところを変化させれば，あとは最初の変化を支持するために，さらなる変化が徐々に引き起こされていきます。

「転換プロセスの専門家」の原則

　多くの教育者は，学校では部分的な改善を行うだけでも，どれだけ難しいことか知っています。パラダイムの転換は，小規模の変化よりも，はるかに困難で複雑です。なぜなら，その範囲ははるかに広く，新しいマインドセット，合意形成，創意，新しいパラダイムのリーダーシップ，関係者の新たな役割など，学校コミュニティは高いレベルの心構えと理解力を備えていることが必要だからです。この変化のプロセスが大変複雑で困難であるため，パラダイム転換の経験があるファシリテーターによる導きが成功の鍵となります。

　また，学区の関係者にはよくあることですが，意見の不一致，派閥争い，敵意，ライバル意識といった長い歴史が積み重ねられてきた場合があります。こうした力学を中和するうえで，ファシリテーターは，すべての関係者のグループから，公正であるとみられる必要があります。つまり，たいていは部外者です。いったん指名されたら，ファシリテーターは，学区に関わるすべてのミーティングを仕切ります。内部の人あるいはグループが，増えていく役割を引き受けられる程度に成長するまで続けます。

　初期のファシリテーターとしての役割がフェードアウトすると，その人物の役割はコーチングが主となります。パラダイム転換プロセスの残りの工程に対して，専門家としての経験を学校に提供します。

「時間と資金」の原則

　創意やマインドセットの変化は，手間がかかります。多くの関係者が新しいアイデアに接し，小グループで討議する必要があります。しかしながら，時間は学校において貴重です。優秀な教師や管理職は，すでにオーバーワークにあり，転換のために使える時間を捻出する余裕はありません。この問題は，航空機を飛んでいる最中に再デザインしようとするようなものです。

　この問題に対処する一つの手段は，人々の時間の一部を買い取ることです。それには予算—これも学校では不足している—が必要です。例えば，教師，管理職，保護者，コミュニティの指導者が，休暇期間や学期中の週末にパラダイム転換のために仕事をする際に，対価を支払うということです。

十分な外部資金の調達がないと，パラダイム転換プロセスは何十年も長引くかもしれません。キー・パーソンや他の要因が変化することで，時間が経つにつれて得られる成果も乏しくなっていきます。これは，再設計プロセスの際にまさに起こる問題です！ 教師に新しい役割を研修する，施設設備を再設計する，その他の再編成費も含め，多大な時間と資金を要します。十分なリソースがなければ，変容プロセスは失敗してしまうでしょう。5章で議論しますが，州政府は，これらの問題を解決するうえで，非常に大きな役割が期待されます。

「テクノロジ」の原則

情報時代パラダイムは，工業時代のシステムよりも，広範囲にわたってテクノロジを活用します。カスタマイズされた学習者中心の指導を高い費用対効果で実現するためです。2章では，新パラダイムの学習における，テクノロジの4つの役割を取り上げました。すなわち，記録の保存，計画，指導，評価です。コンピュータを広く活用することは，学習者と教師の生産性を大きく引き上げます。しかし，そのためには，機器の導入と教師のトレーニングに資金投資が必要です。転換プロセスを成功させるうえで，投資と研修はきわめて重要なのです。

ここまでを要約すると，教育システムにおけるパラダイム転換プロセスのための基本的原則は以下の通りです。

- マインドセットの変化
- 合意形成
- 広範な関係者の当事者意識
- 創意
- 理想をデザインする
- リーダーシップと政策支持
- 心構え・理解力・文化
- システムの梃子
- 転換プロセスの専門家

- 時間と資金
- テクノロジ

これらの基本原則のうち，一つでも外してしまうと，パラダイム転換は成功の機会を失う道をたどることになります。

残された課題

パラダイム転換プロセスのいくつかの重要な側面は，課題としてそのまま残されています。それらに普遍的な原則は存在しません。以下に示すこれらの課題からわかることは，転換プロセスが複雑であり，学校単体から学区等まで，範囲によってさまざまに変わるということです。

残された課題のいくつかを取り上げましょう。

「信念と行動のどちらから変えるべきか？」

信念が行動の前に変わらなければならない例を示します。ある教師が「傍らで導く人」としての役割を理解していないなら，新しいパラダイムにおいて，教師はどのように効果的に行動できるでしょうか？ パラダイム転換を成功させるためには，的確な信念とスキルは不可欠です。

一方で，行動に変化を求めることで，信念に影響を与えることもできます。目標準拠評価，生徒の持続的な発達の支援，協働プロジェクト型学習の導入を教師に求めることで，このアプローチが生徒たちにとってよいものだと理解するでしょう。しかし，このアプローチは，十分なコーチングと支援が必要です。

それぞれのアプローチのメリットは次のとおりです。

1. **自発的** もし信念から始めるなら，あとの変化は自発的に起こります。教師たちは，信念が変わったとき，その行動が変わります。つまり，彼らは行動を変えるよう強いられることはありません。
2. **時間と資金** 教師の信念を変えるには，多くの時間と努力を要します。行

動に変化を求めることは,より短時間で,かつ少ない資金ですむ可能性が高いでしょう。
3. **責任感** 変化を強制すれば,それがあからさまでも,隠れたものであっても,抵抗を生むことがあります。新しい信念に基づいた変化を確立すると,新しいシステムへの責任感が生まれます。新パラダイムのために教師が新しい実践を生み出す際,責任感はきわめて重要です。
4. **スキル** いずれのアプローチにおいても,教師が行動を変える前に,スキルの訓練を提供することができます。ただし,適切な信念とマインドセットのもとでない限り,スキルの獲得は難しくなります。

したがって「信念から始める」が,創意が求められ,教師の抵抗あるいは士気がパフォーマンスを妨げるようなときは,最善のアプローチとなります。しかし,時間やリソースが不足し,転換に向けた努力が脱線しかねない状況で,教師のマインドセットがいくらか同調的であれば,「行動から始める」がより好ましいでしょう。あるいは,信念と行動を同時に取り扱う統合的なアプローチもあり得ます。この「2つとも」という考え方が,最善策なのかもしれません。

「関係者は,理想のビジョンをつくるべきか? ビジョンに従えばいいのか?」

理想的なビジョンを生み出すアプローチの一つは,ビジョンを発展させる際,なるべく多くの関係者をすべての関係者・グループの中から巻き込むことです。参加型アプローチの利点をあげます。

1. **多くのインプット** より多くの人々が考えや見方に貢献することで,結果として得られるビジョンはより強固なものとなるでしょう。
2. **マインドセットの変化** 理想のビジョンを発展させるプロセスに人々を巻き込むことは,多くの人々の教育についてのマインドセットを変えるでしょう。そして,マインドセットの変化は,パラダイム転換を成功させるためにもっとも重要な要因です。同意や参加はまた,関係者各自が変化を受け入れ,実現する能力を高めます。

3. **強い責任感** ビジョンの発展に貢献する人は，ビジョンへの当事者意識と責任感を深く持つようです。この当事者意識の感覚は，パラダイム転換プロセスにおける困難時を切り盛りする際に重要となります。

参加か同意という両極端な方法の代わりに，少数のリーダーが理想的なビジョンをつくり上げ，多くの関係者にそれを持ち込み，微調整してもらうことで当事者意識を築く方法があります。このアプローチには，3つの利点があります。

1. **より速く** ビジョン構築に巻き込む人が少なければ少ないほど，合意に到達するのは早くなります。
2. **より完全に** 適切な人材を登用していると仮定できれば，ビジョンは部分的（漸進的な）変化ではなく，完全なパラダイム転換を表すものとなるでしょう。ただし，より少ない人数であっても，ニーズにあった専門家を集められた場合です。
3. **より詳細な** 少人数グループ（およそ12名以下）なら，各学校に変化のためのよりよいガイダンスとなる詳細なビジョンを構築できるでしょう。大きいグループでは，詳細にわたって合意することが困難だからです。

ディケーター・タウンシップの転換プロセスを例にしましょう。30名のリーダーシップ・チームによるビジョンの初期段階には，まだいくらかの工業時代の考え方が含まれていました。また，その手引きはとてもおおまかなものでした。しかし，このビジョンが，その数年後にデザインされた，より完全で理想的なビジョンへの道をひらいたのです。

二者択一の思考が不適切だとするならば，この問いを連続的なものととらえることができます。理想的なビジョンをただ一人の人間が構築するレベルから，校区の関係者全員がその構築にあたるレベルの間ということです。そうすると，何名の関係者を巻き込むべきか？ という問いが生まれます。さらには，どんな関係者を巻き込むべきか？ という問いにつながります。

何名か？ という問いには，学区のサイズ，均一性と多様性，転換の緊急性，そして新しいアイデアの受け入れ能力によります。どんな関係者を？ という問いへは，個人の権力，影響力，創造力，思考の柔軟性，情報時代の教育ニーズと現状の理解などによります。

学校（または学区）全体を一度に変えるべきか？ 段階的に変えるべきか？

　イノベーションの成立過程に関する先駆的な専門家であるエヴェレット・ロジャース（Everett Rogers）の研究によれば，この問いの本質は，関係者・グループに属するすべての人々が，イノベーター，初期採用者（アーリー・アダプター），ゆっくり反応する人，どんな変化にも反対する人，のいずれかに分布するということです。何割かの教師はパラダイム転換を理解し，実現を望みます。他の教師は，誰かに引っぱってもらわないと動きません。しかも，彼らはその道中を終始，不平を言ってわめきちらします。大半の教師は，この両者の間のどこかに位置します。それは保護者にも，管理職にも，理事役員にも，生徒にも同じことがあてはまります。そこで，学区を2つの**並行システム**に分けて，（学校理事会以外は）それぞれ独立して運用してはどうでしょう？ 校舎は，それぞれ独自の校長または監督者を持つ，2つの別々の「小さな学習コミュニティ」に分けます（学校にはたいてい，教頭先生がいますから，管理職の人数を増やす必要はありません）。学区の行政であっても，2つの管理体制に分けられます。なぜなら，情報時代パラダイムの焦点がサポートにある一方，工業時代パラダイムではコントロールにあるからです。いくつかの行政部局（会計，施設や校庭の管理，食堂サービス，州や連邦規制のコンプライアンス等）は，両方のシステムに提供します。

　この仕組みでは，教師，生徒，管理職は，段階を追うごとに徐々に工業時代パラダイムから情報時代パラダイムに移行します。新しいシステムのメリットがわかり，考え方が進化していくのです。

　段階的な（あるいは並行システム）アプローチが「全部一度に変える」アプローチに勝る利点をあげてみましょう。

1. **選択**　誰も変化を強要されることはありません。そのため，特に教師，保護者，そして他の批判的な関係者から出される抵抗は少なくすみます。
2. **リソース**　パラダイム転換には，「再編成」経費がかかります。例えば，新システムは詳細まで理解される必要があります。教師には，新しい役割のための研修が必要です。施設設備は，再調整したり，改築することが必要となります。これまでと異なる機器や学習リソースを必要に応じて導入します。これらの投資には，時間，資金，専門性といった，多くの学区で不足しているリソースが必要です。これらのリソースに対するニーズを時間を追って徐々に広げることは有益です。
3. **責任感**　パラダイム転換は教師にとって困難な道です。新しいスキルを習得し，新しい道具を活用し，新しい学習リソースを用意する必要があるからです。多くの試行錯誤を重ね，失敗から学ぶことで，大きな転換へとつながります。

学区の中で最初に変化した教師たちは，そのあとに続く開拓者たちにとって，変化の道のりを容易にする先駆者です。アーリー・アダプターはリソースを開発し，授業，評価，記録保存，それぞれのシステムに潜む課題を解決します。イノベーターにもっとも近い位置の教師たちは，先駆者として成功するために，深い責任感と十分な理解を備えています。初期の課題が解決されるよりも前に，逆側の端に位置する教師に対して速やかに変化することを強いると，抵抗やフラストレーション，苦労と失敗の繰り返しにつながります。

学校あるいは学区全体（すべての教師と管理職）を一度に変えることにも，いくつかの利点があります。

1. **バランス**　教師よりも多くの生徒たちが新しいパラダイムを求めたらどうでしょうか？　段階的アプローチは，政策的にも深刻な問題になります。
2. **迅速であること**　現行のシステムが生徒たちを落第させ，新システムがよりよい結果をもたらすことをわかっているならば，どうして一部の生徒が劣ったシステムで学び続けなければいけないのでしょうか？　新しいアプ

ローチは，すべての生徒を今すぐ支援できます。
3. **公平さ**　イノベーター側に位置する教師は，よりよい教師であると考えられます。もし，それが正しいとしたら，一部の生徒たち（恐らくもっとも恵まれない生徒たち）は，段階的アプローチのもとで，質の低い被教育経験しかできないことになります。すべての校舎に同じ割合でイノベーティブな教師を配置し，すべての生徒に等しい選択肢を与えることで，この問題は軽減できます。子どもが受けている教育に関心がなく，しっかり考えて選択する時間をかけない保護者を補うためにも必要です。

まとめると，段階的アプローチ（または並行システム）は，学区が大きく，学区内に対立や分裂があり，学区内のいくつかの学校に高い緊急性があり，他の学校では変化への緊急性が低い場合に適しています。

外部のモデルを取り入れるべきか？　自分たちで創意するべきか？

いくつかの教育モデル（または学校デザイン）には，情報時代パラダイムのコア・アイデアを表しているものや，同じ方向を向いた一歩となるものがあります。モンテッソーリ，エデュビジョンズ，ビッグ・ピクチャー・ラーニング，学校再発明連合（Reinventing Schools Coalition），ニュー・テック・ハイ（New Tech High），遠征学習（Expeditionary Learning），コネクト・システム（CoNect systems）などのモデルです。

このようなモデルを取り入れた場合のメリットを以下に示します。

1. **利便性**　デザイン作業はすべて終わっているので不要です。学びを促進する手法やリソースもすでに開発されています。学習プロセスを管理するツールもすでにあります。教師のための研修プログラムも準備万端です。
2. **時間**　このようにすべての要素が揃っているため，新しいシステムの導入にかかる時間は短くなります。
3. **妥当性**　手法やリソースは，試行と改善のサイクルを何度も経ており，うまく機能することが確認されています。

自前のモデルを創出することにも利点はあります。もちろん，このアプローチでは，他のモデルの一部を利用することを妨げるものではありません。

1. **理解と責任感**　独自のシステムをデザインするために協働した教師たちは，他の方法ではかなわないほどに自分たちのシステムを理解し，責任感を持つようになります。
2. **ローカル仕様**　特定の学区のためにカスタマイズされたシステムは，コミュニティ，生徒たち，教師のニーズに合致したものになります。
3. **完成度**　既存モデルの多くは，情報時代パラダイムとしては初期のものであり，未完成バージョンです。自家製のモデルが，より完成しているという保証はありません。それでも，教師たちは現行のさまざまなモデルを十分に分析し，価値のある側面を取り込むことができます。結果的に，どの「在庫品」のモデルよりも，その学区が理想とするビジョンに近づいたシステムになるでしょう。

二者択一の思考を抜け出すために，外部のモデルをまるごと採用するところを一方の端に，他のモデルをいっさい利用することなく，一から新しいモデルを創出するところまでを他方の端とした連続帯としてこの問題を捉えてみましょう。そこで問われるのは「あなたの場合は，この連続体のどの位置に当たりますか？」。

例えば，既存のモデルに大きく手を加えたり，2つの異なるモデルから要素を取り出して合体させてもよいでしょう。ニューハンプシャーの田園地方にあるロバート・フロスト・チャーター・スクールでは，モンテッソーリのアプローチとプロジェクト型学習（エデュビジョンズが使用したものに近い）を組み合わせました。コミュニティや生徒のニーズにしっかりと合ったモデルを実現しています。コミュニティの目標や価値に合致したプログラムを展開することにより，ロバート・フロスト・チャーター・スクールは，主要リーダーらの支援を得て，スタートアップ期に重要な支持者になってもらうことができました。

今後数年で，より多くの創意が求められると考えられます。それでも，より

多くのさまざまなモデルが開発，改良されていけばいくほど，発明しなければならないものは少なくなっていくでしょう。

新しい学校の場合，どの程度，事前にデザインしておくべきか？

　パラダイム転換のアプローチの一つとして，実施前にデザインを徹底する—新しい学校のすべての特徴をデザインしてから実践に移す方法があります。一方で，徐々にデザインを明確にすることを許容する—学区の理想的なビジョンのもとでコア・アイデアから始め，試行錯誤しながら新しい学校の特徴を明らかにする方法もあります。事前に綿密にデザインするアプローチのメリットは次のとおりです。

1. **より少ないミス**　実施前に新しい学校のすべての特徴を慎重に検討しておくことができれば，デザインをもとに実践する際，課題になる点を回避しやすくなります。教師のフラストレーションを抑制するとともに，生徒によりよい学習経験を与えることにつながります。
2. **より完璧な変化**　綿密なデザイン・プロセスの際にブレイン・ストーミングを行っておくと，徐々にデザインを明確にするよりも，完成度の高いパラダイム転換につながります。なぜなら，私たちは問題が発生したときに，既知のものを採用したり，慣れ親しんだ方法に立ち返る傾向があるためです。

一方，その都度設計していく方法のメリットもあります。

1. **時間**　その都度，デザインした方法を活用する場合，学校はより速く，変更を実践することができます。
2. **柔軟性**　学区の理想とするビジョンと一致する変化に必要なすべての手法を，現行の学校が予測することは不可能です。学校システムは，事前に完全にデザインするにはまったく複雑すぎます。試してみたら変わってしまうかもしれない特徴をデザインすることに，なぜ多くの時間を割くのでし

ょうか？

　繰り返しになりますが，この問いも「完全」から「その都度」までの設計手法の連続帯として捉えることができます。両極端の間にあるアプローチがあります。学区の理想とするビジョンに関連するコア・アイデアをもとに，梃子の力が大きく働く少数の構造変化をデザインします。変化を実施し，効果が明らかになるにつれて，追加の変更を加えるのです。このアプローチを，パラダイム転換への「**梃子入れ顕在化アプローチ**（leverage emergent approach）」と呼びます。

　以下は，2章で詳解している，梃子が強く働く構造変化の例です。

1. **到達ベースの学習進度**では，生徒は次の課題に進む前に到達基準に達することを求められます。生徒は個別に，目の前の目標に到達した時点で，次の目標を目指すことができるようになります。
2. **目標準拠評価**になると，集団準拠評価から，生徒の学習（習得したかどうか）を確認する評価に取って代わります。
3. **達成度の記録**は，現行の成績票を習得したスキルのチェックリストに置き換えます。
4. **個別学習計画**は，すべての生徒に対する学習の契約です。何をいつまでに学習するかの期日と，その学習方法とが，マイルストーンとして記述されます。
5. **教師の役割**は，「壇上の賢者」（講師）から「傍らで導く人」（ファシリテーター）に変わります。
6. **指導法**は，教師中心から学習者中心に変わります。自己主導型，チームベース，プロジェクト型の教育です。

　この連続帯のどこを選ぶかは，既存モデルを取り入れるか，自分たちで創出するかの程度次第となります。

この章の要約

パラダイム転換のための方略には，既存の学校を変容させるものと，新しい学校をデザインするものがあります。これら2つの方略には，取り組みの規模に基づいた3つのアプローチがあります。

- **小規模** チャーター・スクールには，異なるパラダイムを実施する自由があります。このアプローチは，もっとも速やかかつ容易に進められ，パラダイムのS字カーブを持ち上げ理想の姿に近づけられます。
- **中規模** 学区は，個々の学校よりも自由度が高いです。小規模学区の場合，地区全体を変容すべきです。大規模な学区の場合，一つの高校とそこに生徒を送るすべての学校で構成する一学区をチャーター区として，独立して運営することが望ましいでしょう。
- **大規模** 州レベルの変化は，州のリーダーの間で変化に向けた対話を通して実現されます。転換の準備ができている学校区を支援する，半自治的な「転換」ユニットをつくります。

パラダイム転換を成功させるために取り組むべき，基盤となる原則があります。原則の要点を以下に示します。

- **マインドセットの変化** 教師，生徒，管理職，保護者，他のコミュニティ・メンバーの教育に関するメンタルモデルを進化させることは最優先のプロセスです
- **合意形成** 転換プロセスにおける意思決定は，多数決ではなく，学び合うことを通して合意形成を図る必要があります。
- **関係者の当事者意識** 幅広く関係者の当事者意識を高めることで，強い責任感を高め，抵抗を減らし，持続性を高めることができます。
- **創意** 革新的な学校デザインをつくり出すプロセスが必要です。創意は，先駆的な教育者たちが他ですでに提案してきたものを下敷きにして考えるべ

きです。
- **理想をデザインする**　新しい教育システムの理想を関係者が考えられるプロセスが必要です。
- **リーダーシップと政策支持**　学区において公式・非公式にかかわらず，すべてのリーダーから支援とリーダーシップを得る必要があります。独裁的パラダイムのリーダーシップは，奉仕的リーダーシップに転換しなければなりません，共通のビジョンを構築し，それを追求するすべての関係者を支援するためです。
- **心構え，理解力，文化**　エンパワーメント，参画，合意形成，コラボレーション，システム思考，信頼，透明性，非難しないこと，といった文化が転換プロセスには必要です。他に準備すべき心構えや理解力としては，システムについての考え方，理想をデザインすること，合意形成に基づいて判断すること，グループのプロセスとして運用すること，継続的な改善と持続の概念を理解していることなどが含まれます。
- **システムの梃子**　もっともインパクトのある構造的変化を最初に行い，残りの変化は，時間とともに自然に実現するようにするべきです。
- **転換プロセスの専門家**　経験のある，公平なファシリテーターが，転換プロセスをリードしなければなりません。ファシリテーターの役割は，徐々にファシリテーターからアドバイザーへと移っていきます。
- **時間と資金**　マインドセットを変える，新しいシステムをつくり出すこと，そして変化を実践するために，個々人はアクティビティやディスカッションに参加できる時間が必要です。そして，時は金なり，です。
- **テクノロジ**　ハードウェアとソフトウェアは，生徒個々に指導をカスタマイズするためと，生徒と教師がより自律的で自己主導的になるために必要です。

残された課題

- **信念と行動のどちらから変えるべきか？**　状況によりますが，同時に取り組むのが最善のアプローチです。

- 関係者は，理想のビジョンをつくるべきか？ 従えばよいのか？ 何名程度の，どのような関係者が，理想とするビジョンの策定に必要なのかどうかは，その学区に関する多様な要因によって決まります。
- **学校（または学区）全体を一度に変えるべきか？ 段階的に変えるべきか？** 大規模学区，対立や分裂のある学区，いくつかの（しかしすべてではない）学校で変化への緊急性が高い学区では，段階的（または並行システム）アプローチが適しています。
- **外部のモデルを取り入れるべきか？ 自前でつくり出すべきか？** まだ数年の間は，モデルは取り入れるよりも，つくり出される必要があります。しかし最終的には，ほとんどのモデルが取り入れられるようになり，つくり出すことは稀になるでしょう。
- **新しい学校の場合，どの程度，事前にデザインするべきか？** 事前デザインとその都度デザインの連続帯の中でちょうどよい頃合いを見つけましょう。外部のモデルを取り入れるか，自前でつくり出すかの程度によって，最適な頃合いは決まります。

5
政府にできることは何か

　やがてはアメリカ合衆国で教育制度のパラダイム転換が起こり，米国の教育システムは大幅に改善するでしょう。生徒1人あたりのコストが工業時代パラダイムに比べて安くなることが期待できます。しかし，現行制度を新しいパラダイムに転換するためのコストは決して安くはありません。

　1927年当時の輸送システムを想像してみてください。ちょうどチャールズ・リンドバーグが大西洋を飛行した年のことです。旅行者や貨物の輸送が，列車や船から徐々に飛行機へと移行するには，膨大な研究開発が必要でした。第二次世界大戦中，政府による研究開発投資は，この移行を大いに加速させたのです。

　同じように，教育の新しいパラダイムのための研究開発に公的投資がなければ，移行の大幅な遅れは避けられません。被害者となるのは，変革の苦労を長い期間強いられる教育者と，旧教育制度によってダメージを受け続けることになる生徒やコミュニティ，経済市場です（付録B参照）。

　では，どのような公的投資ならばもっとも大きな見返りが得られるのでしょうか。果たしてそれは，変革のプロセスと結果（あるいは手段と目的）を促すような知識を多く生み出せるのでしょうか。ここで言う公的投資の結果（あるいは目的）とは，役割や方法，ツールなどを含めた，新たなパラダイムのあるべき姿のことです。そのプロセスや手段とは，いかに現行の学校制度を新しいパラダイムへ転換するか，いかに新しいパラダイムにおける新しい教育制度を開発するかということです。

　ここでは，連邦政府が投資できる4つの主な教育的な取り組みを提案します。

1. 情報時代パラダイム向けのオープンソース技術ツールの開発をサポートすること。
2. チャーター・スクールでの情報時代システムの優良実践（ベスト・プラクティス）をサポートすること。
3. 地区レベルでのパラダイム転換を推進できるよう，州をサポートする体制をつくること。
4. パラダイム転換プロセスに関する知見の創造をサポートすること。

テクノロジ・ツール開発の支援

2章では情報時代におけるデジタル技術の役割について論じました。デジタル技術が工業時代において，あまり重視されず，周辺的な位置づけでしかなかったことを述べました。情報時代にデジタル・テクノロジが果たす新しい役割には，学習の記録，学習計画，指導，学習成果の評価に加え，コミュニケーションや学校運営のプロセスも含まれています。

輸送システムとしての自動車を例に考えてみましょう。最初に自動車と自動車開発のことを思い浮かべるかもしれません。しかし，もう少し深く考えてみてください。自動車が1910年代から現代のレベルのような輸送能力を発揮するには，まず，手ごろな価格のガソリンが必要だったと思い当たるはずです。油田を探し，掘削し，精製し，流通させ，ガソリンスタンドで販売できるようになるまで，どれだけの研究開発が行われたことか，想像してみてください。ガソリンスタンドの整備，石油の精製，原油タンカーや石油パイプラインまで！自動車普及のため，開発しなければならなかった環境基盤のことも考えてみてください。

自動車が走るには，よい道路も必要です。昔はでこぼこ道や丸石で舗装された道が普通でした。アスファルトやコンクリート，橋梁設計に対する膨大な研究と巨額の投資によって私たちが現在使っている道路や州間高速自動車道がつくられたのです。そして，まさに，政府のサポートはきわめて重要でした。しかしそれで終わりではありません。自動車の安全点検，故障の際には修理をして

くれるところが必要です。修理店，パーツ販売店，パーツの流通システムなどのすべてが整備され，そして，常に性能やサービスが改善されなければなりません。リストはまだまだ続きます。つまり，運転免許の交付，自動車保険，案内標識やその他の道路標識，交通ルールの作成と施行，安全基準の構築，その他にもさまざまな準備や制度があります。これらはすべて米国の自動車交通システムの確立と成功を支えているのです。

しかしながら，情報時代の教育パラダイムは自動車産業よりも複雑なため，Sカーブの上限へ至るにはさらなる研究開発が必要です（1章参照）。顧客の好みに合った賢い投資を促すのは，競争と自由市場だと私たちは確信しています。そこで，私たちが最初に取りかかったのは，新しい教育パラダイムのためのインフラストラクチャ（デジタル機器やソフトウェア）に必要な投資をしてくれるビジネス・コミュニティを探すことでした。哲学や理念に基づいて物事を決めるというよりも，阻害要因，選択肢，帰結を実際主義的な観点から扱うほうがよいと思ったのです。

政府による梃子入れ　そこにはニワトリが先か，卵が先か，という問題があります。情報時代パラダイムに見合う教育ツールに対する投資が現時点でほとんどないのは，ツールを購入するような新しいパラダイムの学校が少ないからです。そして，新しい学校が生まれないのは，情報時代パラダイムに見合う良いツールが十分に提供されていないからです。デジタル・ツールの開発への（政府の）公的な初期投資は，景気と業界を刺激するでしょう。そして，それは民間企業や個人投資家による投資につながっていくでしょう。

無償の堅持　情報時代の重要な特徴はオープン（「無償」と解釈）のリソースにあります。Linux を考えてみましょう。これは皆さんが使うコンピュータ向け基本ソフトで，Microsoft Windows や macOS とは別の選択肢です。利用者がシステム開発に協力し，システムのソース・コードは無償で公開されています。Wikipedia のことも考えてみましょう。利用者がつくる百科事典で，利用者が内容を更新し，すべて無償で提供されています。教育向けには，Moodle や Sakai，eFront といったオープンソースのコース・マネジメント・システムがあり，Blackboard や CCNet，ピアソン社の Pegasus に代わる選択肢となっ

ています。これは政府と企業との競合ではなく，利用者たちが協働することによって企業にも対抗し得るという図式です。これはトフラーによるプロシューマー（情報時代において消費者が同時に生産者である）概念であり，教育のコストが削減される可能性を示しています。

フロリダとユタにあるオープン・ハイスクールはもちろん，MIT やハーバードを含む教育機関が，教育コンテンツをつくり，インターネットで無償提供しています。つまりカーン・アカデミーのような非営利団体ではないにもかかわらず，教育システムのあらゆるレベルの教師が授業プランと授業をオープン教育リソースとして溜めていくことに貢献しているのです。利用者のコラボレーションを中心として企業と競争するこうした共有パターンは，ソフトウェアやコースウェアの伝統的な商業モデルに対する現実的な代替になりつつあります。こうした傾向は Web ベースの教育ツール開発と教育コスト低減に大きな影響を与えているのです。

ニワトリと卵の問題はオープン教育リソース（OER）にも関係します。オープンソース・システムの開発と構成に対する連邦政府からの適度な初期投資は，オープン教育リソースが全米の学校に普及し，既存の教育を新しいパラダイムへと円滑に移行させる際に，とても大きな影響力を及ぼすでしょう。政府の投資が教育に与える影響は，州間高速自動車道が自動車やトラック輸送システムの生産性に与える影響よりも強大なものになるかもしれません。こうした投資は，連邦政府から行うほうがより適切です。州政府による投資は，たいていむだになってしまうことが多いからです。

好事例を生み出す支援

パラダイム変化における大きな挑戦は，新しいシステムをできるだけ早く開発のSカーブに乗せることです。これは生徒の学習と自治体における生活の質の向上，米国の経済競争力に強く影響します。タイミングは重要です。

4章で説明した通り，根本的な変化をしようとする学校は，現状を維持しようとする学区内の他の学校と衝突します。私たちが示唆した一つの解決策は，変

化を学区単位で考えることです。しかし，学区が新しいパラダイムに転換するのは一つの学校が転換するよりも時間がかかります。時間が重要なのであれば，多くの場合，もっともよい選択肢は，チャーター・スクールへと転換することでしょう。そうすれば変化を拒もうとする学区内のプレッシャーから逃れることができるからです。

とはいえ，チャーター・スクールの多くは，自由を謳歌しているとはいえない状況です。それには大きく2つの理由があります。

- **ビジョンの欠落** 情報時代パラダイムとは何であるのか，なぜそれほど必要なのかということに対する理解が不足している。
- **転換コスト** 教師側の準備もなく，強力なツールもまだ開発されていない状況から，既存の教育とまったく違うやり方を導入するには，かなりの時間と金額がかかる。

このため，工業時代の学校よりも新しいパラダイムの学校が生徒一人につき安価になりそうだとしても，多くのチャーター・スクールは2種類のコストを負うことなります。

1つ目は，新しいパラダイムを導入するためのコストです。これには必要なデジタル技術ツールを調達することと，教師が新たな役割を果たせるような専門的力量の開発が含まれます。

2つ目は，新しいシステムをSカーブの上方に移動させる研究開発のためのコストです。それによって他の学校システムが新たなパラダイムへと容易に転換できるようになります。

チャーター・スクールにおける研究開発アプローチの難しさは主に，米国の初等・中等教育課程が，幼稚園から12学年まで（K-12）にまたがるものだということです。K-8（幼稚園から8年生まで）だけ，とか，9〜12学年だけ，といった区切りができないのです。情報時代のパラダイムは，工業時代のモデルと大きく違っているため，一つのパラダイムから別のパラダイムへと転換することは，生徒にとって非常に困難です。モンテッソーリ学校出身の生徒たちが，

その証拠を示しています。彼らは，何か習得するまでを，自己主導型やプロジェクト型の学習環境で学んできました。そのような学習スタイルから，教師主導であったり文脈から切り離されたり，序列を重視したりする学習環境へと移るのはとても難しいのです。つまり，チャーター・スクールは個々の生徒の教育課程全体（P: Preparatory-12）を対象とするか，他のチャーター・スクールと連携した研究開発を行うべきなのです。

いくつかのK-8と9-12のチャーター・スクールは，すでに新しいパラダイム教育の初期バージョンを開発しています（3章と付録Aを参照）。公立のチャーター・スクールがより学習者中心の教育パラダイムに転換していけるよう，学校は競争的な条件のもとで，補助金などの支援を得て，ツールや実践に関する研究開発を進めるべきだと私たちは提案します。そして，その研究から得られた成果が，一般的な公立学校を学習者中心の教育パラダイムへ転換することを促すと考えています。こうした事業は，予算や事業の重複を避け，もっとも成果が期待できるチャーター・スクール同士のコミュニケーションと協働を最大化するために，連邦政府レベルで行うほうがよいでしょう。

この種の公的投資は，チャーター・スクールそのものを支援するというよりも，情報時代パラダイム改良のための教育的な研究開発の手段として，チャーター・スクールを活用することで，大きな実を結ぶのです。公的投資なしに新しいパラダイムをSカーブに乗せる場合，システムの変化はゆっくりと進行していくでしょう。生徒やコミュニティ，米国経済にとってはそれだけ長く，苦しい期間が続くことになります。研究開発をしないままでいた場合，教育にかかる必要コストが，教育に配分される公的資金の総額を大幅に上回ってしまうことは確実です。

パラダイム転換を促す力をつける

パラダイム転換を成功させるために，学区が必要とする助言と資源は十分ではありません。私たちは，下記に述べる3つの理由から，州の「**教育省**」とも呼ばれている州教育機関（SEA）が，中心的な立場で学区の変革支援に携わる

ことが最善策だと考えています。

1. SEA の方針が教育パラダイムの転換を阻害する大きな要因になることが多い。そのため、SEA の方針を変え、学校が新しいパラダイムへの転換をしやすいようにすべき。
2. 各州は公教育に対して基本的な憲法上の責任を負っている。
3. 税金を徴収する当局として、州は地区レベルのパラダイム転換にかかる費用を配分する権限を持っている。

さて、SEA がこの役割を全うするために何が必要でしょうか？ 第一に州が取り組むべきことは、州知事や州議会議員を含むすべての主要な利害関係グループのリーダーたちとパラダイム転換の必要性の合意に向けた「転換のための対話」を行うことです。州としてパラダイム転換に関与する意思と決意は、州が学校の転換をサポートするための前提条件です。2007年からナレッジ・ワークス財団は、教育と米国の未来の全国連合（NCTAF）と連携して、オハイオ州における州レベルでの転換のための対話プロセスを支援しています。この取り組みは、いずれ、国全体のモデルとなるでしょう。

第二に、パラダイム転換に関する意思と決意が州のリーダーたちの間で形成された後、州は SEA が学区全体のパラダイム転換を促進できるよう、専門家の助言と予算・人員などの資源の両面から、SEA を支援していくことが必要です。

米国教育省は、州のリーダーたちが教育のパラダイム転換に関連する以下の4つの目標を達成できるよう、支援的戦略を開始することで、国の教育システムの変革を促進することができるでしょう。

1. 転換のための対話プロセスに取り組むこと。
2. 学区のパラダイム転換を促進する専門部署を SEA に組織し発展させること。
3. パラダイム転換を阻害する要因を排除するため、法律や政策を変えること。
4. パラダイム転換に取り組む準備が十分に整っている学区を支援するため、連邦予算から、州予算への組み替えを行うこと。

パラダイム転換に関する知識をつける

　パラダイム転換が段階的な改革よりもはるかに難しいのは，パラダイム転換プロセスに関する先行知識の研究がわずかしか行われておらず，ほとんどの人がそのことを知らないためです。教育に対する人々の考え方をいかに進化させるのか，さらなる知見が必要とされています。さらに，転換プロセスにおける関係者の当事者意識をどのように構築するのか，合意形成をベースとした意思決定をどう実施するのか，改革を成し遂げようとする人たちをサポートするため行政としてのリーダーシップを発揮する公務員をどのように支援するのか，大規模学区におけるパラダイム転換の個別問題への対処をどう助けるのか，このほかたくさん学ばなければなりません。

　さらなる知見も求められています。情報時代パラダイムを実現するために，デジタルのテクノロジ・ツールをどうデザインするか。教師たちが新たな役割と新たなツールの使い方を習得する最善の方法は何か。学区の教育委員会が，学校に命令したり，管理監督するのではなく，学校を支援する役割へと転換するのをどう助けたらよいのか，などです。

　パラダイム転換プロセスの多くの側面について知識が不足している場合には，投資が，必要なノウハウを増やし，学区のパラダイム転換プロセスを成功裏に進めるためにきわめて重要なのです。

連邦政府の戦略

　私たちは連邦政府が投資できる4つの主要な先導的取り組みを提案します。

その1．オープンソースの情報時代パラダイム向けテクノロジ・ツールの開発を支援すること。

その2．チャーター・スクールでの情報時代システムの成功事例（ベスト・プラクティス）を支援すること。

その3．地区レベルでパラダイム変化を推進できるよう，州を支援する体制

表5.1　4つの連邦政府の取り組みとそれらの段階

その1. テクノロジ・ツールの開発	その2. 先行的ベスト・プラクティス	その3. 転換に向けた州の対応力向上	その4. パラダイム転換に関する知識のさらなる発展
1.1 統合ツールの設計	2.1 チャーター・スクールの特定	3.1 2つの州と取り組む	4.1 最新の知識のレビュー
1.2 ツールの開発	2.2 いくつかのチャーター校の評価と改善	3.2 他の州へスケールアップさせる	4.2 最新の知識を改善する調査の実施
1.3 ツールの実証実験	2.3 新規のチャーター校への支援		

をつくること。

その4．パラダイム転換プロセスに関する知識の創造を支援すること。

　これら4つの先導的な取り組みに投資することで，連邦政府は州の教育システムのパラダイム転換過程を劇的にスピードアップすることができます。私たちが勧めるのはアメリカ国立科学財団（NSF）をモデルとした，先導的取り組みに投資する自治とリソースを持った「教育転換財団」の創設です。

　それとともにお勧めしたいのは，これら4つの先導的取り組みに対する段階的アプローチです。以下に詳述しますが，要約を表5.1にまとめています。

その1．テクノロジ・ツールの開発

　この先導的取り組みの第一段階は，競争原理のもとで財団の投資を受けて，(a)情報時代の教育パラダイムが必要とする機能を提供する既存のテクノロジ・ツールの分析と，(b) その情報をもとに，教育課程の核となる学習記録の管理，計画，指導，評価という4つの機能を統合できるオープンソースのデジタル・システムを設計することです。

　第二段階は，オープンソース・システムの開発へ投資を集中して行うことです（通常，組織が仕事の内容を仕様書で提示し，競争入札を通じて，もっともよい提案に予算が配分されます）。

第三段階は，継続的な改善とさらなるシステム開発を目指して，すでに新しいパラダイムに転換しているチャーター・スクールでのテクノロジ・システムの実地テストに投資することです。これは次に述べる先導的取り組みその2に参加する学校にとって，大きな助けとなります。

その2. 先行的ベスト・プラクティス

　この先導的取り組みの第一段階は，情報時代パラダイムを導入し，大きな前進を遂げたチャーター・スクールがどの学校なのかを特定することへの投資です。それら学校の暫定リストは付録Aに掲載しています（本書では割愛）。

　第二段階では，いくつかのチャーター・スクールを対象として，彼らのメソッドや，実践，ツール，文化，方針，システム，教師のスキルに対して形成的評価を行い，さらに改善するための援助を行います。こうした評価は，長所と短所を特定し，長所を損なうことなく短所を克服する方法を明らかにできるでしょう。これで情報時代パラダイムを，Sカーブの上方へと動かせるはずです。この段階の結果は，他の3つの先導的取り組みにも役立つでしょうし，これらのチャーター・スクールはテクノロジ・システムの実地テスト（先導的取り組み，その1の第三段階を参照）の候補としてもっともふさわしい学校となるでしょう。

　第三段階では，財団は，新しい教育パラダイムの導入を計画している新設のチャーター・スクールに対し，取り組みを強化するさらなる機会を提供します。

その3. 転換に向けた州の対応力向上

　第一段階として，財団は，高いレベルで準備ができている2つの州を対象に[★1]，連携の体制を整えます。オハイオ州でナレッジワーク財団が実施した，**公教育における転換のための対話のプロセス**に取り組むのです[★2]。このプロセスで，新しい法律の制定やSEA内外に新しい組織をつくるといった地域全体のパラダ

★1　1つ以上あるとよいでしょう。万が一，1つしかない場合は，地域の事情によって取り組みが頓挫するでしょう。しかし，2つよりも増えるのは望ましくありません。2つ以上になってしまうと，資源の配分が薄くなり，早期の成功が望めなくなるからです。
★2　4章「パラダイム転換を促す方略」で詳述しています。

イム転換を促進できるよう州の能力を高めていきます。このプログラムの一環として，財団は，州内にある大きさの異なるいくつかの学区の中から，新しいパラダイム転換をリードできそうな学区選びを支援します。

先導的取り組みの第二段階は，同じようなプロセスを経て州レベルで転換への準備ができている他州を加え，取り組みをスケールアップさせることです。

その4．パラダイム転換に関する知識のさらなる発展

この先導的取り組みの第一段階において，財団には最新知識を見直しておくべきことが2つあります。1つ目は，各学区のパラダイム転換をどのように達成するか，そして，2つ目は，州レベルのパラダイム転換プロセスを促進する州の能力をどのように向上させるかということです。この見直し作業は，先導的取り組みその2，その3それぞれの第1段階の前に実施する必要があります。

この先導的取り組みの第二段階では，財団はパラダイム転換プロセスについての最新知識に基づいて，デザイン・ベースの調査方法を用います。そして，学区や州レベルの転換プロセスに関して最新の知見を応用できるよう，学区または州とともに連携し，何がうまくいき，何がうまくいかないかを特定します。長所を損なわないようにしながら，うまくいっていないものをどのように改善するか，その道筋を試してみることに投資する必要があります。この種の調査は2001年1月からディケーター・タウンシップのインディアナポリス都市学区で実施されています。これは先導的取り組みその2の第二段階と，その3の第一段階とそれぞれ一緒に実施できます。この調査は，サイクルとして繰り返し行う必要があります。そうすることで，教育システムを情報時代パラダイムへと転換するための知識が，常に更新され続けていくのです。

このような先導的取り組みに対する段階的アプローチは，学区が教育パラダイムを転換する成功確率を劇的に向上させ，転換までの時間を短縮するノウハウの獲得を可能にします。教育転換財団は，4つの先導的取り組みに関する知見や経験の交流を促進し，参加している州や学区における実践や経験の共有を進めていくことでしょう。

最終的には教師教育へとたどり着きます。情報時代パラダイムの教育では，

教師の役割が劇的に変化します。リーダーシップ育成研修と同様に，変化のための教員養成プログラムの開発に取り組む必要があります。さしあたって必要なのは，教員養成よりも現職教員に対する研修です。財団は，ここでも重要な役割を担うことになるでしょう。

さいごに

「パラダイム転換プロセスは，公共投資がないと起こせないものなのか？」と疑問を持つかもしれません。確かに，そう思うでしょうね。実際のところ，アルビン・トフラー（Alvin Toffler）が著書『**第三の波**』で力説したように，情報革命という大きな変化の波の一つとして，教育のパラダイム変化は必然です。そこでの疑問点は，

1. 転換にはどのくらいの時間がかかるのか？
2. パラダイム転換プロセスの間，教育者はどれほどの混乱，痛み，苦しみに耐えなければならないのか？
3. その間，生徒たちやコミュニティ，経済には，どれだけのダメージが予想されるのか？（付録 B 参照）

連邦政府による投資がなければ，新たなパラダイムへの進展は遅く，散発的なものになるでしょう。すべてのコストと利益を細かく分析すれば，大規模な公共投資は，その投資額の何倍もの利益を生み出すことがわかるはずです。

この章の要約

教育パラダイムの転換に向けて，連邦政府が支援すべき4つの先導的取り組み。

1. **テクノロジ・ツールの開発**
・「政府支出の増大」が民間によるテクノロジ・ツールへの投資を促進させる。

- 「政府支出の増大」がユーザによるオープンソース・ソフトウェアの開発を促進させる。

2. 先行的ベスト・プラクティス
- チャーター・スクールはパラダイム転換を行うにあたり，制度的には学区から独立しています。そのため，学区の古いパラダイム構造からの反発を受けずに進められます。
- チャーター・スクールは，パラダイム転換に伴う2つのコストに直面します：(1) 新たなパラダイムの導入（ツールと教員研修のコスト），(2) 研究開発により新パラダイムを改善するコスト。Sカーブの曲線を上がることにつながります。
- チャーター・スクールは，地域の公教育におけるP-12課程（就学前から高校3年生まで）のすべてを包含するものでなければなりません。
- P-12課程を持つチャーター・スクールは，競争ベースで，連邦政府からの支援を受けるべきです。ツールと実践を改善する研究開発を進めることで，その成果は，標準的な公立学校の学びを中心としたパラダイムへの転換を容易かつ迅速にします。

3. パラダイム転換への州の対応力向上
- ほとんどの学区では，パラダイム転換に必要な経験とリソースの双方が不足しています。
- 州は，学区が新しいパラダイムに転換するのをサポートする主たる支援者となるべきです。
- 州には，学区の転換をサポートする意志と能力を高めるため，外部からのファシリテーションとリソースが必要です。財団からのサポートがなければ，転換を起こせないか，起きても長い時間がかかるでしょう。
- 州のリーダーは，転換のための対話を積極的に実施し，学区が自らの意思で新しいパラダイムに転換できるように法律の制定や組織上の対応能力を上げていかなければなりません。

4. パラダイム転換プロセスに関する知識の開発
- パラダイム転換プロセスは，段階的な変革よりもはるかに難しく，また，危

険を伴うものです。新たなパラダイムへの転換がうまくいくための知識がもっと多く必要です。
- 新しいパラダイムを支えるためのデジタル技術を開発するために，もっと多くの知識が求められています。
- パラダイム転換に向けた知識を増やす投資は，転換の成功率を大きく高めることでしょう。

段階的に実施される連邦政府の戦略
1. **ツール**　第一段階では既存のツールを分析します。第二段階では包括的なシステムを開発します。第三段階ではシステムの実地テストを実施します。
2. **ベスト・プラクティス**　第一段階では情報時代パラダイムをもっとも体現しているチャーター・スクールを選びます。第二段階ではいくつかの学校に対し，ツールの開発や教育実践がさらに発展できるよう支援します。第三段階では，新たなパラダイムを実施する新たなチャーター・スクールを支援します。
3. **州の対応力の向上**　第一段階では2つの州を転換のための対話へと導き，学区が自ら転換することを支援できるよう，法律制定や組織構築を進展させます。第二段階では，転換への準備がかなり進んでいる他の州に対して，サポートを拡大していきます。
4. **知識**　第一段階では学区レベルと州レベルのパラダイム転換プロセスに必要な最新知識を見直します。第二段階では学区レベルと州レベルのパラダイム転換プロセスを統合して，経験から得られた知識を用いながら研究開発を率いていきます。

そして，最終的には，教員養成やリーダーシップ研修プログラムのデザインを行うことが役に立つでしょう。

付録 A

情報時代のパラダイムへと進化している学校

　表 A.1 は[訳注1]，インディアナ大学の研究チームが調査した結果，情報時代の教育パラダイムへと進化していると判断した学校のリストです。ただしこれは，公開情報に基づいた予備的な調査であり，暫定的なリストであることはお断りしておきます。調査チームのメンバーは，リーダーであるイ・ダバエ，ホー・ヨン，リン・チュンイ，チャールズ・ライゲルースです。ジョン・ウルホ，ミン・ミナ，タン・ヴェラリーがチームをサポートしました。

　表には，学校名，学校システムの種類（個別の学校，学校区，全国的な学校モデル），および情報時代のパラダイムのうち，5つの基準，すなわち「到達ベースの発達モデル」「パーソナライズされた学習」「協働による問題解決学習」「到達度に準拠した評価」「複数年にわたるメンタリングと異年齢混合グループ」を満たしているか，そうでないかが示されています。

　これらの特徴を満たしている数を合算した数値が，学校システムが情報時代のパラダイムに対応できているのかどうかを総合的に表す指標になります。ただし，この調査は，さまざまに存在するその他の重要な指標を考慮に入れていません。情報時代のコア・アイデアのうち，その学校がもっとも特徴的に備えているものを示し，学校システムのタイプ（カテゴリ）ごとに，アルファベット順に並べました。

　このリストに追加すべき学校をご存知でしたら，reigelut@indiana.edu までご連絡ください。www.reinventingschools.net に掲載している情報の改善に役立ちます。

訳注1　紙幅の都合で本書では割愛しているが，リストが必要な読者は原著にあたっていただきたい。

付録 B

パラダイム転換に時間がかかった場合，どうなりますか？

　教育においてパラダイム転換が起きなかった場合に何が起こりそうなのか，立ち止まって考えてみる意味はあるでしょう。はじめに，国際読書協会元会長のレスリー・モローによれば，いくつかの州では刑務所の独房の数をいくつ設置するかの判断材料に，読字能力のスコアを基準にしているといいます。これは，私たちの文化と経済にとって，なんとも悲しいことです。1年間一人の人間を収監するのにかかるコストは，教育コストよりずっと高くつきます。さらには，殺人や物品の盗難・損壊によって失われた価値は言うまでもなく，その人が職場で働いて納税することでコミュニティに貢献する「機会コスト」も失われてしまうのです。

　他にも，グローバル経済の中で競争できないレベルの労働力というコストがあります。知的労働者は，世界中どこにいても仕事をすることができます。もし米国の労働者が，高い給与と付加価値の高い仕事を得られなくなると，国民全体の生活水準は低下することになるでしょう。おまけに，高い創造性や能力を備えているはずの生徒たちの能力を十分に伸ばすことができず，将来に有為な人材を失うという代償も払うことになるのです。

　さらに言えば，人々が持つ可能性を十分に発揮できないまま，低水準の生活に耐えなければらない多くの人々を抱えるという損失を被ることにもなりかねません。情報時代の教育のパラダイムは，子ども一人ひとりの完全な，多方面にわたる発達に関わります。彼らの特性を伸ばしたり，個性的にしたりするだけでなく，食生活や健康，生活の質の向上にも関係するものなのです。個性を伸ばし，自己効力感を育てる，少人数で思いやりのある学習環境を設けることで，薬物乱用，暴力，収監といったトラブルの低減に大きな効果があるという

付録 B — パラダイム転換に時間がかかった場合，どうなりますか？

調査結果もあります。米国での犯罪発生率は世界でももっとも高いのです。その代償はいかばかりでしょうか？

このように，時代遅れの教育システムに対して，これまで通り実施し，投資し続け，生徒や市民のニーズを無視することの代償はあまりに大きいと言わざるを得ません。米国は岐路に立っています。米国は世界のリーダーであり続けるために教育を転換することができるのでしょうか。やる気と可能性を備えた他国のリーダーに屈することなく，正しい道を選ぶことができるのでしょうか？

付録 C

パラダイム転換へのツール集

　システム思考の中から役に立ちそうな概念的なツールのいくつかを簡単に紹介します。

- ピーター・センゲ（Peter Senge）の氷山モデル
- ピーター・センゲの推論のはしご
- ピーター・センゲのシステムにまつわる 11 の法則
- ベラ・バナシー（Bela Banathy）のシステムが持つ 3 つの側面
- ラッセル・アコフ（Russell Ackoff）の変化のための 4 つの方針
- チャールズ・ライゲルース（Charles Reigeluth）のカオス理論によるフラクタル
- フランク・ダフィー（Frank Duffy）のパラダイム転換のための 3 つの道のり

センゲの氷山モデル

　氷山は，ある種のシステム思考を表しています。ピーター・センゲは，システムの中で変更の必要があるものの多くは，目に見えない部分，つまり，氷山の表層よりも下の部分にあると主張しています。私たちに見えているのは，見えていない部分も含めたシステムの全体から生じる結果なのです。さらに見ることが難しいものは，表層のすぐ下で起きていることで，そこでは，物事を生じさせるパターンが繰り返されているのです。例をあげてみましょう。多くの教師は，中央省庁が流行りの取り組みを学校に義務づけようとするパターンが

あることに気づいています。そのようなことを真に受けない教師たちは，頑張って導入しようとはしません。その結果，その取り組みは期待されたほどの成果をあげず，失敗に終わることになります。そうこうしているうちに，新しい流行りがやってきて，同じパターンをたどることにはそれほど長い時間がかかりません。

　表層のさらに下，つまり，より見えにくいところにあるのが，これらの結果のパターンを生み出すシステムの構造です。もっとも見えづらい（そして変えづらい）ものが，これらの構造を維持したいと思う人々のメンタル・モデルです。

　したがって，メンタル・モデルこそが，システムに内在する問題の真の中心であり，システムを変革できるかどうかの鍵なのです。

　センゲは，システム思考のこの重要な側面を特徴づけるために氷山のイメージを使用しています。

- **結果**は，水面に頭を出している氷山の一部です。「何が起きたのですか？」と問うことで，それが何かを特定することができます。
- **パターン**は，見えない場所，水面下に存在しています。「何が生じているのですか？」「ここか，または別の場所で同じような場面に遭遇したことはありますか？」と問うことで特定できます。
- **システム構造**は，氷山のより深い部分にあります。「パターンを生み出すのに作用している力はどのようなものですか？」と尋ねることにより特定されます。
- **メンタル・モデル**は，氷山のもっとも深い部分にあります。「この状況が保たれる前提となっている考え方はどのようなものですか？」と尋ねることにより特定されます。(センゲ，2000，原著 p.127)。

この氷山が意味することは，パラダイム転換はメンタル・モデルの変化を必要とするということです。その変化がシステム構造の変化をもたらし，さらにそれが生じる出来事のパターンを変化させます。

センゲの「推論のはしご」

「推論のはしご」とは，人々を誤った考えに導いてしまう思考の通り道を視覚的に表現したものです。ほとんどの人は，自分たちの信念を真実だと考えています。それが真実だと証明できるのは，その信念が事実に裏打ちされたものだからです。しかしながら，自分にとっての事実，とは意図的に選択された事実なのです。人々は，自分の思い込みに基づいて，それが本当かそうでないかに関係なく，事実をつくり上げながら，「推論のはしご」を登っていくのです。

はしごのそれぞれの段は，次のようなものです。

- 私は行動します（信念に基づいて）。
- 私は情報を持ちます（世界についての）。
- 私は結論を引き出します。
- 私は仮説を立てます（私がつけ加えた意味をもとに）。
- 私は意味を付け加えます（文化的および個人的な）。
- 私は「事実」を選択します（私が観察したものから）。

「はしご」が立っている地面は，ビデオで記録できるような，観察可能な「事実」や経験です（センゲ，2000，原著 p.102）。

ある人が何かを話したり，ある特定の方法で物事を見たり，ジェスチャーを使ったとき，話し相手は，それを見て納得し，自分の中でこういうことが起きているんだな，という「事実」を構築するのです。そして，それこそが本当に「事実」になるのです。人々は，自らが持つメンタルなフィルターに基づいて仮説を立てるのです。

コミュニケーションがうまくいくように，人々の思考プロセスを見える化し，理解することによって，「推論のはしご」による誤りを防ぐことができるでしょう。次のような問いを考えてみましょう。

- 観測可能なデータは何ですか？

- そのデータが何であるか，私たち全員が共通理解していますか？
- あなたは推論を通して，相手を納得させられますか？
- 私たちは，どのようにしてデータから仮説を抽出しましたか？

仮説や誤解を招く信念を他者と確かめ，向き合うことによってのみ，人は，本当に何かを理解することができるのです。パラダイム転換の過程ではとても重要なことです。そこに参加する人々のメンタル・モデルの進化を促すことになるからです。

センゲのシステム思考に関する 11 の典型的パターン

他のタイプのシステム思考として，センゲの 11 の典型的パターンがあります。

1. **「今日の問題は昨日の解決策からやってくる」** 人々は，問題解決に臨むとき，その解決策が，実は，想定外の結果をもたらすことを理解しないまま，解決策を打ち出してしまう傾向があります。そして，もっと解決が難しい新たな問題を生み出すことになります。
2. **「システムは押せば押すほど強く押し返す」** すべての行動（アクション）には，反動（リアクション）がつきものです。たとえ，改善を目的とした善意の介入であっても，「介入するメリットを相殺してしまうようなシステムの反動」を呼び起こすことがあるのです。[★1]
3. **「状況はいったん好転してから悪化する」** 長期的な解決策に比べると，短期で一時的な改善をもたらす解決策は見つけやすいものです。ただし，本質的な問題を見過ごしてはいけません。長い目で見れば，問題が悪化することもあります。
4. **「安易な出口は，通常元に戻る」** 複雑なシステムに対してシンプルな解決策はそうあるものではありません。もし，その解決策が容易なものであるな

★1 P. M. Senge, The Fifth Discipline: The Art and Practice of the Learning Organization (New York: Doubleday, 1990)『最強組織の法則—新時代のチームワークとは何か』ピーター・センゲ（著）守部 信之（訳）徳間書店（1995）

ら，その問題はすでに解決した問題なのです。

5.「治療策が，病気そのものより問題であることがある」安易な解決策は，解決よりも多くの問題を引き起こすことがあります。

6.「急いては事をし損じる」ウサギとカメの競争のように，フルスピードで取り組むことは魅力的です。しかしながら，物事を成し遂げようと急ぐことは，成功に不可欠なメンタル・モデルの不適切な発達をもたらすことがあります。

7.「原因と結果は，時間的・空間的に近接しているとは限らない」このことは，行動の結果がどうなるのかを知ることをたいへん困難にしています。そしてそれは，今日の問題を引き起こしている要因のすべてを理解しようとすることをも困難にしているのです。

8.「小さな変化が大きな結果を生むことがある」一番効果のある手段はしばしば一番見えにくい。正しい変化は，改善を促進し，成功をより確実なものにします。しかしながら，改善を加速させるポイント（ハイ・レバレッジと呼びます）がどこにあるのか，見つけることは難しいのです。

9.「ケーキをとっておきながら，食べることができる―同時でなければ」システム思考の人は，「二者択一」つまり，一つを手に入れることで一つを捨てなければならない，とは考えないのです。むしろ「両方」を考えることが，行き詰まりを打開する重要なブレイクスルーにつながることもあります。

10.「一頭の象を分割しても子象二頭にはできない」多くの場合，人々はシステムを全体として見ることができません。全体を考えることなく，ある特定の部分だけを焦点化してしまうことで，最善に近い形での意思決定ができず，タスクの重複，時間とエネルギーのロスを招き，さらには味方まで失うことになるのです。

11.「非難は無意味」人々が互いを非難しようとしたり，システムの外にある力を非難しようとしたとしても，本当の敵はシステムそのものです。すべての答えは，システムの内にこそあるのです。

バナシーのシステムが持つ3つの側面

バナシーは，以下の3つのレンズあるいは視点からシステムを見ることを提唱しています。

鳥瞰図は，あるシステムと他のシステム（上位および同等）との間の外的な関係を示します。入出力の関係や，複雑な因果のダイナミクスが含まれます。システムは，上位のシステム（スープラシステム）により，きっちり制御されているものもあれば，緩やかに制御されているものもあります。パラダイム転換を実現するには，システムに対する制御が強いほど，そのシステムの上位にあるスープラシステムに変化を起こすこと（あるいは制御をゆるめること）が重要になります。

静止画視点は，システムを構成するサブシステム内部の関係性を示すものです。システムに対する「ある時点でのスナップショット（システムの状況を出力したもの）」と言えるでしょう。そこに含まれるのは，目的とゴール，サブシステムがどのように構造化（それらの間にどのような関係が存在するか）されているか，どのような機能をそれらは提供しているか，個々のサブシステムにおいて誰がキー・プレイヤーか，彼らはどのような役割を果たしているか，影響の個別的な側面，サブシステムのふるまいを左右するポリシーやルール等が含まれます。サブシステムの間に一貫性があることは，サブシステム相互の互換性の指標となります。サブシステム同士，より大きなシステムのサポートがうまくいくかどうかにも影響します。

動画視点は，システムに関する2つの動きを指します。すなわち，プロセスと因果関係です。システムは，入力されたことを取り込んで，それを結果として出力するためにプロセスを実行します。最初から最後までシステムのプロセスを描いてみると，パラダイム転換とは，このプロセスを再構築し，プロセスをより効果的，効率的なものにすることだと言えます。システム内の因果のダイナミクスは，システムを変えることもできますし，また，変えようとするいかなる力を壊すこともできます。因果関係と，個々のプロセスが互いに及ぼし合う影響，そしてその結果を理解することは，きわめて重要です。

アコフの変化のための4つの方針

ラッセル・アコフは，人が変化を理解し，対応するための4つの考え方を紹介しています（表 C.1）。

- 受け身のスタイル
- 不活性なスタイル
- 先見的なスタイル
- 双方向のスタイル

アコフは，これらのスタイルが関わるものについても述べています。変化に対する人間の一般的な態度，科学やテクノロジの役割についての理解，組織の

表 C.1　アコフの変化のための4つの方針

	受け身のスタイル	不活性なスタイル	先見的なスタイル	双方向のスタイル
一般的な態度	現状に不満があっても，どうしたいのかを考えない	物事がうまくいっている限り，変化は必要ない	変化を望み，それに備え，機会が来れば利用する	過去に起きたことより，今から為すことにより未来は決まる
科学やテクノロジの役割についての理解	科学やテクノロジを変化が失敗する主要因とみなす	科学よりも現状の実践に頼り，テクノロジの利用をためらう	未来を見越して科学的な手法を採用し，テクノロジを解決手段として使う	テクノロジの価値は，道具としてどのような意図で用いるかでわかる
組織の風土や文化	階級的，官僚的，トップダウンの組織に依存する	官僚的に進められる。創造性より従順さが評価される	従順さより新奇性と成長を追求し，No.1を目指す	持続的かつ意図的な対話を通じて，さまざまなレベルの複雑なシステムを統合する
計画立案や問題解決のアプローチ	漸次的な解決手段だけで望む成果が得られると考える	現状から計画を推定し，問題は漸次的に対処される	未来に備えるために計画し，テクノロジの最先端を探求する	望ましい未来のデザインとその実現方法の検討に取り組む
魅力	手引き，継続性，慣習の3つの魅力を歴史から引き出す	問題は放置しておけば消滅し，注意深い人はミスをしない	現代の科学とテクノロジとの密接な関わりは，効果だけでなく魅力になる	自分たちで未来をつくり出すことで自信を持つ

付録 C —— パラダイム転換へのツール集　153

風土や文化，計画立案や問題解決へのアプローチ，そのスタイルが魅力だと考えることをあげています。

ライゲルースのカオス理論によるフラクタル

　教育システムのような複雑な組織の変革に，新しい科学が役立つことがあります。それは，**複雑性の科学**という，いささか物々しい名前で呼ばれているものです。複雑性の科学の中には，**カオス理論**があります。怖がらなくても大丈夫です。カオス理論が持つ，とてもシンプルかつパワフルな概念が，どのようにして子どもたちのための教育を本気で改善できるのかを教えてくれます。それは**フラクタル**と呼ばれる概念です。

　フラクタルとは，システムのすべてのレベルで繰り返し生じる単純なパター

図 C.1　さまざまなレベルでパターンが繰り返される様子を示すフラクタル

ンのことです。図C.1に見られるパターンに気づくでしょうか。広く，グローバルな視野で全体を見渡すと，一部のパターンが繰り返されていることに気づきます。そしてそれはさらに部分のパターンが何度も繰り返されているのです。

とはいえ，教育システムとは何の関係があるのでしょうか？教育システムにおいてフラクタルは，**コア・アイデア**，価値あるいは信念として，学区，学校，学級といった制度のあらゆるレベルを特徴づけています。例を紹介しましょう。

トップダウンによる管理

私たちの現在の教育システムにおけるフラクタルの一例として，トップダウンによる管理について取り上げます。地域レベルでは，教育長が中央事務局の管理者と学校長を管理します。学校レベルでは，学校長が教師を管理します。教室では，教師が生徒たちを管理するのです。同じパターン（トップダウンによる管理）は，システムのあらゆるレベルで繰り返されているのです。

均一性

フラクタルのもう一つの例は，均一性あるいは標準化です。学区レベルにおいて，一般的に，すべての小学校はポリシー，カリキュラム，指導方法，評価などは同じになっているはずです。学校レベルでは，同学年のすべての教師は，同じ教科書で同じ時期に，同じ内容を教えることになっています。教室レベルでは，すべての生徒は，同じ方法で，同じ時期に同じことを学ぶことになっています。ここでも，同じパターン（均一性）は，システムのすべてのレベルで繰り返されています。

トップダウンによる管理および均一性は，工場モデルの学校を特徴づける多くのフラクタルの中の，まさに2つです。これらのパターンのいくつかに変化の兆しが認められますが，工業時代の教育システムにおいて，例外が見られることを主張する意見はほとんどありません。

教育システムの深い構造を規定するこのフラクタルを変えることなく，パラダイムを変えることはできません。

情報時代の教育のパラダイムのために必要な新たなフラクタルは，次のよう

なものです。

エンパワーメント

　トップダウンによる管理は，エンパワーメントに置き換える必要があります。エンパワーメントとは，意思決定をする**自由**があることと，それを判断・実践するうえで**支援**を受けられることを意味します。

　地域レベルにおけるエンパワーメントとは，雇用や予算などの重要な意思決定の権限を校長に与え，生徒のニーズによりマッチした新しいアプローチを試したり，取り入れたりすることを意味します。学校レベルでは，校長が個々の教師に権限を委譲し，生徒のニーズによりマッチした新しい指導法や教材を試したり，取り入れたりすることや，学校の方針立案や意思決定に参加できるようにすることです。教室レベルでは，教師は生徒一人ひとりに権限を与え，生徒が必要とする情報を得られるよう，意思決定ができるようにします。

カスタマイズ

　地域レベルにおいて，カスタマイズされたフラクタルとは，学校ごとに違うやり方をしてもよい，ということを意味します。学校レベルでは，教師が他の教師と（内容や方法の面で）違うやり方をしてもよい，ということを意味します。教室レベルでは，生徒たちは異なる科目を学び，さまざまな学習法を追究するということです。

協働による意思決定

　地域レベルでの協働のフラクタルは，教育委員会と事務局が，方針や意思決定の際，各学校や関係者を巻き込むことを意味します。学校レベルでは，校長が，保護者，教師，職員を運営や方針の決定に参画してもらうように促します。教室レベルでは，生徒の発達に資する意思決定や活動に生徒や保護者が参加することを奨励します。

　これらのフラクタルの特徴を表1.1（19ページ）にまとめています。いずれも工業時代から情報時代への根本的な転換を反映しています。そして，これら

は組織の特徴以上のものであり、人々の教育観の変容を求めています。考え方の変化が、関係者の中に文化として根づいたと言えるほどに浸透したとき、教育システムの真の意味での転換が促進されます。この転換を起こすために計画的にすべきことはほとんどありません。

ダフィーのパラダイム転換への3つの道のり

教育におけるパラダイム転換の専門家であるフランク・ダフィーは、パラダイム転換に必要な3つの道を発見しました。システムの活動プロセス、システムの社会基盤、システムを取り巻く環境とシステムの関係の3つです。

システムの活動プロセス

主たる活動プロセスは指導と学習です。そして、それは、教師中心から学習者中心のものへと転換していかなければなりません。学校制度にみられる他のさまざまな**活動支援プロセス**には、雇用と解雇、給与計算、会計、調達などの管理業務が含まれます。さらには食事サービス、通学、清掃と修繕、図書館サービス、職能開発、テクノロジ支援、スケジュール管理なども含みます。主たる活動プロセスの刷新に対応するために、これらの活動支援プロセスの多くも再設計が必要です。したがって、特定の活動支援プロセスが、どのように主たる活動プロセスや他の活動支援プロセス、さらにはシステム内の個々人に影響するのかを理解することは有益です。

システムの社会的基盤

社会的基盤には、組織の文化、コミュニケーションの習慣、職務内容の記述書、報賞制度などが含まれます。これらは、指揮・統制型の組織に合わせたものから、参加型の組織にふさわしいものへと転換しなければなりません。

システムを取り巻く環境とシステムの関係

学校が地域社会から**孤立**し、地域からの圧力にのみ反応するような関係から、

地域と**協働**し，教育に関連する地域課題を**積極的に**取り上げる関係へと転換する必要があります。

これらの3つの道のりは，それらの相互依存性を考慮すると，同時に実行すべきものです。

文献

●1

Ackoff, Russell L. *Creating the Corporate Future*. New York: Wiley, 1981.
　『未来の再設計―社会問題へのシステム・アプローチ』　ラッセル・リンカーン・アコフ（著），若林 千鶴子（著），啓学出版（1982）
Banathy, Bela H. *Systems Design of Education: A Journey to Create the Future*. Englewood Cliffs, NJ: Educational Technology Publications, 1991.
Branson, Robert K. "Why the Schools Can't Improve: The Upper Limit Hypothesis." *Journal of Instructional Development* 10, no. 4（1987）: 15–26.
Christensen, Clayton M., Michael B. Horn, and Curtis W. Johnson. *Disrupting Class: How Disruptive Innovation Will Change the Way the World Learns*. New York: McGraw-Hill, 2008.
　『教育×破壊的イノベーション―教育現場を抜本的に変革する』　クレイトン・クリステンセン（著），マイケル・ホーン（著），カーティス・ジョンソン（著），櫻井 祐子（翻訳）翔泳社（2008）
Darling-Hammond, Linda. "Achieving Our Goals: Superficial or Structural Reforms." *Phi Delta Kappan* 72, no. 4（1990）: 286–95.
Department of Labor. *What Work Requires of Schools: A SCANS Report for America 2000*. Washington, DC: U.S. Department of Labor, 1991. Available at wdr.doleta.gov/ SCANS/ whatwork/
Friedman, Thomas L. *The World Is Flat: A Brief History of the Twenty-first Century*. New York: Farrar, Straus and Giroux, 2005.
　『フラット化する世界』〔普及版〕上　トーマス・フリードマン（著）日本語版は上下巻で発売　日本経済新聞出版社（2010）
Hammer, Michael, and James Champy. *Reengineering the Corporation: A Manifesto for Business Revolution*. New York: HarperBusiness, 2001.
　『リエンジニアリング革命―企業を根本から変える業務革新』マイケル・ハマー（著），ジェイムズ・チャンピー（著），野中 郁次郎（翻訳）　日本経済新聞社（日経ビジネス人文庫）（2002）
Knowledge Works Foundation. "2020 Forecast: Creating the Future of Learning." Cincinnati, OH: Knowledge Works Foundation, 2012.
Malone, Thomas W. *The Future of Work*. Boston: Harvard Business School Press, 2004.

『フューチャー・オブ・ワーク』 トマス・W. マローン（著），高橋 則明（翻訳） 武田ランダムハウスジャパン（2004）

Naisbitt, John, and Patricia Aburdene. *Megatrends 2000: Ten New Directions for the 1990's*. New York: William Morrow and Company, 1990.

『トウェンティハンドレッド 2000 ―黄金世紀への予告』 ジョン・ネスビッツ（著），パトリシア・アバディーン（著），木村 尚三郎（翻訳） 日本経済新聞社（1990）

National Education Commission on Time and Learning, *Prisoners of Time*. Washington, DC: National Education Commission on Time and Learning. Available at www2.ed.gov/pubs/PrisonersOfTime/index.html.

Reigeluth, Charles M. "Educational Standards: To Standardize or to Customize Learning?" *Phi Delta Kappan* 79, no. 3（1997）: 202–6.

Reigeluth, Charles M., and Robert J. Garfinkle. *Systemic Change in Education*. Englewood Cliffs, NJ: Educational Technology Publications, 1994.

Schlechty, Phillip C. *Shaking up the School House*. San Francisco: Jossey-Bass, 2001.

Senge, Peter M. *Schools That Learn: A Fifth Discipline Fieldbook for Educators, Parents, and Everyone Who Cares about Education*. New York: Doubleday, 2000.

『学習する学校―子ども・教員・親・地域で未来の学びを創造する』 ピーター・M. センゲ（著），ネルダ・キャンブロン＝マッケイブ（著），ティモシー・ルカス（著），ブライアン・スミス（著）他 英治出版（2014）

Sturgis, Chris, Susann Patrick, and Linda Pittenger. *It's Not a Matter of Time: Highlights from the 2011 Competency-Based Learning Summit*. Vienna, VA: iNACOL, 2011. Available at www.inacol.org/research/competency/index.php.

Toffler, Alvin. *The Third Wave*. New York: Bantam Books, 1980.

『第三の波』アルビン・トフラー（著），徳岡 孝夫（翻訳） 中央公論新社（1982）

――. *Powershift*. New York: Bantam Books, 1990.

『パワーシフト―21世紀へと変容する知識と富と暴力』 アルビン・トフラー（著），徳山 二郎（翻訳）フジテレビ出版（1991）

Tyack, David B., and Larry Cuban. *Tinkering toward Utopia: A Century of Public School Reform*. Cambridge, MA: Harvard University Press, 1995.

Wagner, Tony. *Making the Grade: Reinventing America's Schools*. New York: RoutledgeFalmer, 2002.

Wheatley, Margaret J. *Leadership and the New Science: Discovering Order in a Chaotic World*. San Francisco: Berrett-Koehler Publishers, 1999.

『リーダーシップとニューサイエンス』マーガレット・J・ウィートリー（著），東出 顕子（翻訳） 英治出版（2009）

関連ウェブサイト

The American Association of School Administrators: www.aasa.org
The International Association for K–12 Online Learning: www.inacol.org
The National Center on Education and the Economy, New Commission on the Skills of the American Workforce: www.skillscommission.org
The National School Boards Association's Center for Public Education: www.centerforpubliceducation.org
The Partnership for 21st Century Skills: www.21stcenturyskills.org/
The Secretary's Commission on Achieving Necessary Skills: wdr.doleta.gov/SCANS/whatwork/

●2

American Psychological Association Presidential Task Force on Psychology in Education. *Learner-Centered Psychological Principles: Guidelines for School Redesign and Reform*. Washington, DC: American Psychological Association and the Mid-Continent Regional Educational Laboratory, 1993.

Bransford, John D., Ann L. Brown, and Rodney R. Cocking, eds. *How People Learn*. Washington, DC: National Academy Press, 2000.
『授業を変える―認知心理学のさらなる挑戦』単行本　米国学術研究推進会議（著），森 敏昭（翻訳），秋田 喜代美（翻訳），21世紀の認知心理学を創る会（翻訳）　北大路書房（2002）

Covington, Martin V. "The Myth of Intensification." *Educational Researcher* 25, no. 8 (1996): 24–27.

Darling-Hammond, Linda. *Redesigning Schools: What Matters and What Works 10 Features of Good Small Schools*. Stanford, CA: School Redesign Network at Stanford University, 2002.

Egol, Morton. *The Education Revolution: Spectacular Learning at Lower Cost*. Tenafly, NJ: Wisdom Dynamics, 2003.

Gardner, Howard E. *Frames of Mind*. New York: Basic Books, 1983.

Goleman, Daniel. *Emotional Intelligence: Why It Can Matter More Than IQ*. New York: Bantam Books, 1995.
『EQ―こころの知能指数』ダニエル・ゴールマン（著），土屋 京子（翻訳）　講談社（1996）
―――. *Working with Emotional Intelligence*. New York: Bantam Books, 1998.
『ビジネスEQ―感情コンピテンスを仕事に生かす』ダニエル・ゴールマン（著），梅津 祐良（翻訳）　東洋経済新報社（2000）

Jonassen, David. *Learning to Solve Problems: A Handbook for Designing Problem-Solving Learning Environments*. New York: Routledge, 2011.

Lewis, Catherine, Marilyn Watson, and Eric Schaps. "Recapturing Education's Full Mission: Educating for Social, Ethical, and Intellectual Development. In *Instructional-Design Theories and Models: A New Paradigm of Instructional Theory*, edited by Charles M. Reigeluth, Vol. II, 511–36. Mahwah, NJ: Lawrence Erlbaum Associates, 1999.

Lickona, Thomas. *Educating for Character*. New York: Bantam Books, 1991.

『人格の教育―新しい徳の教え方学び方』トーマス リコーナ（著）・水野 修次郎（翻訳）北樹出版（2001）

McClelland, David C. *The Achieving Society*. New York: Irvington Publishers, 1976.

McCombs, Barbara. "The Learner-Centered Model: From the Vision to the Future. In *Interdisciplinary Handbook of the Person-Centered Approach: Connections Beyond Psychotherapy*, edited by Jeffrey. H. D. Cornelius-White, Renate Motschnig-Pitrik, and Michael Lux. New York: Springer, 2013.

McCombs, Barbara, and Lynda Miller. *Learner-Centered Classroom Practices and Assessments: Maximizing Student Motivation, Learning, and Achievement*. Thousand Oaks, CA: Corwin Press, 2007.

McCombs, Barbara, and Jo S. Whisler. *The Learner-Centered Classroom and School: Strategies for Increasing Student Motivation and Achievement*. San Francisco: Jossey-Bass, 1997.

Miliband, David. "Choice and Voice in Personalised Learning." In *Schooling for Tomorrow: Personalising Education*, edited by OECD, 21–30. Paris: OECD Publishing, 2006.

『個別化していく教育 OECD 未来の教育改革』OECD 教育研究革新センター（著），教育研究革新センター（著），CERI（著） 明石書店（2007）

Perkins, David N. *Smart Schools*. New York: Free Press, 1995.

―――. *Making Learning Whole: How Seven Principles of Teaching Can Transform Education*. San Francisco: Jossey-Bass, 2010.

Reigeluth, Charles M. "The Search for Meaningful Reform: A Third-Wave Educational System." *Journal of Instructional Development* 10, no. 4（1987）: 3–14.

―――., ed. *Instructional-Design Theories and Models: A New Paradigm of Instructional Theory*. Vol. 2. Mahwah, NJ: Lawrence Erlbaum Associates, 1999.

―――. "Instructional Theory and Technology for a Post-Industrial World. In *Trends and Issues in Instructional Design and Technology*, 3rd ed., edited by Robert A. Reiser and John V. Dempsey, 75–83. Boston: Pearson Education, 2012.

『インストラクショナルデザインの理論とモデル―共通知識基盤の構築に向けて』チャールス・M.ライゲルース（編集），アリソン・A.カー＝シェルマン（編集），北大路書房（2016）

Reigeluth, Charles M., and Robert J. Garfinkle. "Envisioning a New System of Education." In *Systemic Change in Education*, edited by Charles M. Reigeluth and Robert J. Garfinkle, 59–70. Englewood Cliffs, NJ: Educational Technology Publications, 1994.

Reigeluth, Charles M., Sunnie L. Watson, William R. Watson, Pratima Dutta, Zengguan Chen, and

Nathan Powell. "Roles for Technology in the Information-Age Paradigm of Education: Learning Management Systems." *Educational Technology* 48, no. 6（2009）: 32– 39.

Savery, John R. "Problem-Based Approach to Instruction." In *Instructional-Design Theories and Models: Building a Common Knowledge Base*, edited by Charles M. Reigeluth and Alison A. Carr-Chellman, 143–65. New York: Routledge, 2009.

Schlechty, Phillip C. *Working on the Work*. New York: Wiley, 2002.

Schwartz, Daniel L., Xiaodong Lin, Sean Brophy, and J. D. Bransford. "Toward the Development of Flexibly Adaptive Instructional Designs." In *Instructional-Design Theories and Models: A New Paradigm of Instructional Theory*, edited by Charles M. Reigeluth, Vol. II, 183– 213. Mahwah, NJ: Lawrence Erlbaum Associates, 1999.

Sturgis, Chris, and Susan Patrick. "When Success Is the Only Option: Designing Competency-Based Pathways for Next Generation Learning." Vienna, VA: International Association for K– 12 Online Learning, 2010. Available at www.inacol.org/ research/ docs/ iNACOL_SuccessOnlyOptn.pdf.

Wagner, Tony. *Making the Grade: Reinventing America's Schools*. New York: RoutledgeFalmer, 2002.

Weimer, Maryellen. *Learner-Centered Teaching: Five Key Changes to Practice*. San Francisco: Jossey-Bass, 2002.

『学習者中心の教育―アクティブラーニングを活かす大学授業』メルリン・ワイマー（著），関田 一彦（翻訳），山崎 めぐみ（翻訳）　勁草書房（2017）

Wolf, Mary Ann. "Innovate to Educate: System [Re] Design for Personalized Learning." Washington, DC: Software and Information Industry Association, 2010.

Yonezawa, Susan, Larry McClure, and Makeba Jones. "Personalization in Schools." In *Students at the center series*. Quincy, MA: Nellie Mae Education Foundation, April 2012. Available at www.nmefoundation.org/ research/ personalization/ personalization-in-schools.

関連ウェブサイト

EDUCAUSE: www.educause.edu

The Khan Academy: www.khanacademy.org

The KnowledgeWorks Foundation: http:// knowledgeworks.org

The National School Boards Association's Center for Public Education: www.centerforpubliceducation.org

The Nellie Mae Education Foundation: www.nmefoundation.org

The New Commission on the Skills of the American Workforce: www.skillscommission.org

Next Generation Learning Challenges: http:// nextgenlearning.org

The Partnership for 21st Century Skills: www. 21stcenturyskills.org/

The Secretary's Commission on Achieving Necessary Skills: wdr.doleta.gov/ SCANS/ whatwork/

The Software and Information Industry Association: www.siia.net

The Virginia Council on Economic Education: www.vcee.org/ programs-awards/ view/ 3

● 3

〈MNCS〉

Aslan, Sinem. "Investigating 'The Coolest School in America': A Study of a Learner-Centered School and Educational Technology in the Information Age." PhD dis., Indiana University, 2012.

Dirkswager, Edward J., ed. *Teachers as Owners: A Key to Revitalizing Public Education*. Lanham, MD: Scarecrow Press, 2002.

Minnesota New Country School. *2011–12 Annual Report*. Available at www.newcountryschool.com/ wp-content/wp-content/ uploads/ 2012/ 04/ Annual-Report-2011-12. pdf

Newell, Ronald J. *Passion for Learning: How Project-Based Learning Meets the Needs of 21st-Century Students*. Lanham, MD: Scarecrow Press, 2003.

Thomas, Doug, Walter Enloe, and Ron J. Newell, eds. *"The Coolest School in America": How Small Learning Communities Are Changing Everything*. Lanham, MD: Scarecrow Press, 2005.

〈チュガッチ地区〉

Battino, Wendy. "New Horizons for Learning." Chugach School District. March 2002. Accessed May 17, 2010. www.newhorizons.org/ trans/ battino.htm.

CoSN. "Chugach School District: Rural Response to Local Expectations." *A Best Practices Case Study* by the Consortium for School Networking (CoSN) Initiative. Accessed February 5, 2013. www. cosn.org/Initiatives/ 3DDataDrivenDecisionMaking/CaseStudies/3DCaseStudyChugachSchoolDistrict/tabid/ 5701/ Default.aspx

DeLorenzo, Richard A., Wendy J. Battino, Rick M. Schreiber, and Barbara G. Carrio. *Delivering on the Promise: The Education Revolution*. Bloomington, IN: Solution Tree, 2009.

Rubenstein, Grace. "Northern Lights: These Schools Literally Leave No Child Behind." *Edutopia*. (September 2007). www.edutopia.org/ chugach-school-district-reform

関連ウェブサイト

Malcolm Baldridge National Quality Award, Education Criteria for Performance Excellence: www.nist. gov/ baldrige/ publications/upload/ 2011_2012_Education_Criteria.pdf

The Re-Inventing Schools Coalition (RISC) : www.reinventingschools.org

〈モンテッソーリ教育〉

Hainstock, Elizabeth G. *The Essential Montessori: An Introduction to the Woman, the Writings, the Method, and the Movement*. New York: New American Library, 1978.

『モンテッソーリ教育のすべて―人，著作，方法，運動』エリザベス・G. ヘインストック（著），中山 幸夫（訳），佐野 真一郎（訳），東信堂（1988）
Lillard, Angeline S. *Montessori: The Science behind the Genius*. New York: Oxford University Press, 2005.
Montessori, Maria. *The Absorbent Mind*. New York: Holt, Rinehart and Winston, 1967.
『子どもの精神・吸収する精神』マリア・モンテッソーリ（著），中村 勇（訳），日本モンテッソーリ教育綜合研究所（2004）
―――. *The Montessori Method*. New York: Schocken Books, 1964.
『モンテッソーリ・メソッド』（世界教育学選集）マリア・モンテッソーリ（著），阿部 真美子（翻訳），白川 蓉子（翻訳）明治図書出版（2000）
Standing, E. Mortimer. *Maria Montessori: Her Life and Work*. New York: New American Library, 1962.
『モンテッソーリの発見』E.M. スタンディング（著），クラウス・ルーメル（監修），佐藤 幸江（翻訳），エンデルレ書店（1975）

● 4

Ackoff, Russell L. *Creating the Corporate Future*. New York: Wiley, 1981.
『未来の再設計社会問題へのシステム・アプローチ』 ラッセル・リンカーン・アコフ（著），若林千鶴子（著），啓学出版（1982）
Banathy, Bela H. *Systems Design of Education: A Journey to Create the Future*. Englewood Cliffs, NJ: Educational Technology Publications, 1991.
―――. *Designing Social Systems in a Changing World*. New York: Plenum Press, 1996.
Duffy, Francis M. *Step-Up-to-Excellence: An Innovative Approach to Managing and Rewarding Performance in School Systems*. Lanham, MD: Scarecrow Education, 2002.
Duffy, Francis M., and Charles M. Reigeluth. "The School System Transformation (SST) Protocol." *Educational Technology* 48, 4 (2008): 41–49.
Duffy, Francis M., Lynda G. Rogerson, and Charles Blick. *Redesigning America's Schools: A Systems Approach to Improvement*. Norwood, MA: Christopher-Gordon Publishers, 2000.
Fullan, Michael. *Leading in a Culture of Change*. San Francisco: Jossey-Bass, 2001.
Gladwell, Malcolm. *The Tipping Point: How Little Things Can Make a Big Difference*. New York: Little, Brown, 2000.
『急に売れ始めるにはワケがある ネットワーク理論が明らかにする口コミの法則』（SB 文庫）マルコム・グラッドウェル（著），高橋啓（訳），SB クリエイティブ（2007）
Hammer, Michael. *Beyond Reengineering: How the Process-Centered Organization Is Changing Our Work and Our Lives*. New York: HarperBusiness, 1996.

Hammer, Michael, and James Champy. *Reengineering the Corporation: A Manifesto for Business Revolution*. New York: HarperBusiness, 2001.
『リエンジニアリング革命―企業を根本から変える業務革新』(日経ビジネス人文庫), マイケル・ハマー , ジェイムズ・チャンピー (著), 野中 郁次郎 (訳), 日本経済新聞社 (2002)
Jenlink, Patrick M., ed. *Systemic Change: Touchstones for the Future School*. Arlington Heights, IL: IRI/Skylight Training and Publishing, 1995.
Jenlink, Patrick M., Charles M. Reigeluth, Alison A. Carr, and Laurie M. Nelson. "An Expedition for Change." *Tech Trends* 41, no. 1 (1996): 21–30.
Joseph, Roberto, and Charles M. Reigeluth. "The Systemic Change Process: A Conceptual Framework." *Contemporary Educational Technology* 1, no. 2 (2010):97–117.
Kim, Daniel H. (2008). *Transformational Dialogue for Public Education: 50-StateStrategy*. http://knowledgeworks.org/conversation/ research-and-resources/2/transformational-dialogue-public-education.
Kotter, John. *Leading Change*. Cambridge, MA: Harvard Business Review Press, 2012.
『企業変革力』ジョン・P. コッター (著), 梅津 祐良 (訳), 日経 BP 社 (2002)
Reigeluth, Charles M. "Principles of Educational Systems Design." *International Journal of Educational Research* 19, no. 2 (1993): 117–31.
———. "A Leveraged Emergent Approach to Systemic Transformation. *TechTrends* 50 no. 2 (2006): 46–47.
———. "Chaos Theory and the Sciences of Complexity: Foundations for Transforming Education." In *Systems Thinkers in Action: A Field Guide for Effective Change Leadership in Education*, edited by Blane Despres. New York: Rowman & Littlefield, 2008.
Reigeluth, Charles M., and Francis M. Duffy. "The AECT FutureMinds Initiative: Transforming America's School Systems. *Educational Technology* 48, no. 3 (2008): 45–49.
Reigeluth, Charles M., and Don Stinson. "The Decatur Story: Reinvention of a School Corporation—Leadership and Empowerment in Decatur's School Transformation." *The Indiana School Boards Association Journal* 53, no. 2 (2007): 13–15.
Rogers, Everett M. *Diffusion of Innovations*, 3rd ed. New York: Free Press, 1983.
『イノベーションの普及』エベレット・ロジャーズ (著), 三藤 利雄 (訳), 翔泳社 (2007)
Schlechty, Phillip C. *Schools for the Twenty-first Century: Leadership Imperatives for Educational Reform*. San Francisco: Jossey-Bass, 1990.
———. *Shaking up the Schoolhouse*. San Francisco: Jossey-Bass, 2001.
———. *Working on the Work*. New York: Wiley, 2002.
———. *Creating Great Schools: Six Critical Systems at the Heart of Educational Innovation*. San Francisco: Jossey-Bass, 2005.
Senge, Peter M. *The Fifth Discipline: The Art and Practice of the Learning Organization*. New York:

Doubleday, 1990.
最強組織の法則―新時代のチームワークとは何か ピーター・センゲ（著）守部 信之（訳）徳間書店（1995）

―――. *Schools That Learn: A Fifth Discipline Fieldbook for Educators, Parents, and Everyone Who Cares about Education*. New York: Doubleday, 2000.
『学習する学校―子ども・教員・親・地域で未来の学びを創造する』ピーター・M．センゲ（著），ネルダ・キャンブロン＝マッケイブ（著），ティモシー・ルカス（著），ブライアン・スミス（著），ジャニス・ダットン（著），アート・クライナー（著），リヒテルズ直子（翻訳）　英治出版（2014）

Wagner, Tony, and Robert Kegan. *Change Leadership: A Practical Guide to Transforming Our Schools*. San Francisco: Jossey-Bass, 2006.

関連ウェブサイト

The Microsoft School of the Future: www.eschoolnews.com/2009/06/01/school-ofthe-future-lessons-in-failure/

The Saturn School of Tomorrow: www2.ed.gov/pubs/EdReformStudies/EdTech/saturn.html

●5

Design-Based Research Collective. "Design-Based Research: An Emerging Paradigm for Educational Inquiry." *Educational Researcher* 32, no. 1（2003）: 5–8.

Kim, Daniel H. *Transformational Dialogue for Public Education: 50-StateStrategy*. http://knowledgeworks.org/conversation/ research-and-resources/2/transformational-dialogue-public-education, 2008.

Reigeluth, Charles M., and Francis M. Duffy. "The AECT FutureMinds Initiative: Transforming America's School Systems." *Educational Technology* 48, no. 3（2008）: 45–49.

Reigeluth, Charles M., and Don Stinson. "The Decatur Story: Reinvention of a School Corporation—Mission and Values for Decatur's School Transformation." *The Indiana School Boards Association Journal* 53, no. 1（2007）: 17–19.

Richter, Kurt B. "Integration of a Decision-Making Process and a Learning Process in a Newly Formed Leadership Team for Systemic Transformation of a School District." PhD diss., Indiana University, 2007.

Richter, Kurt, and Charles M. Reigeluth. "Systemic Transformation in Public School Systems." In *Dream! Create! Sustain! Mastering the Art and Science of Transforming School Systems*, edited by Francis M. Duffy, 288–315. Lanham, MD: Rowman & Littlefield Education, 2010.

Schlechty, Phillip C. *Schools for the Twenty-first Century: Leadership Imperatives for Educational*

Reform. San Francisco: Jossey-Bass, 1990.

―――. *Shaking up the Schoolhouse*. San Francisco: Jossey-Bass, 2001.

● 付録 〈参考文献〉

Ackoff, R. L. *Creating the Corporate Future*. New York: Wiley, 1981.
『未来の再設計―社会問題へのシステム・アプローチ』ラッセル・リンカーン・アコフ（著），若林千鶴子（著），啓学出版（1982）

Banathy, B. H. *Systems Design of Education: A Journey to Create the Future*. Englewood Cliffs, N.J.: Educational Technology Publications, 1991.

―――. *A Systems View of Education: Concepts and Principles for Effective Practice*. Englewood Cliffs, NJ: Educational Technology Publications, 1992.

―――. *Designing Social Systems in a Changing World*. New York: Plenum Press, 1996.

Duffy, F. M. *Step-Up-to-Excellence: An Innovative Approach to Managing and Rewarding Performance in School Systems*. Lanham, MD: Scarecrow Education, 2002.

Duffy, F. M., and C. M. Reigeluth. "The School System Transformation (SST) Protocol." *Educational Technology* 48, no. 4 (2008): 41-49.

Hammer, M., and J. Champy. *Reengineering the Corporation: A Manifesto for Business Revolution*. New York: Harper Business, 2001.
『リエンジニアリング革命―企業を根本から変える業務革新』マイケル・ハマー，ジェイムズ・チャンピー（著），野中 郁次郎（訳），日本経済新聞社（2002）

Senge, P. M. *The Fifth Discipline: The Art and Practice of the Learning Organization*. New York: Doubleday, 1990.
『最強組織の法則―新時代のチームワークとは何か』ピーター・センゲ（著）守部 信之（訳）徳間書店（1995）

―――. *Schools That Learn: A Fifth Discipline Fieldbook for Educators, Parents, and Everyone Who Cares about Education*. New York: Doubleday, 2000.
『学習する学校―子ども・教員・親・地域で未来の学びを創造する』ピーター・M. センゲ（著），ネルダ・キャンブロン＝マッケイブ（著），ティモシー・ルカス（著），ブライアン・スミス（著），ジャニス・ダットン（著），アート・クライナー（著），リヒテルズ 直子（翻訳），英治出版（2014）

索引

【あ】

意思決定システム：
 官僚的な— 99
 利用者主導の（または，利用者による）—
 64, 84, 99
異年齢混合グループ 53-54, 97-98, 143
S カーブ 22-25, 132-134
オープン教育リソース 17, 52, 132

【か】

カーネギー単位 6
ガイド 44
 —の学び 56
学習：
 弱点に基づく— 33
 長所に基づく— 33
学習契約
 ⇨「個別の学習計画」の項を参照。
学習者中心の指導（コア・アイデア 2） 33-38
 カスタマイズされた学習内容 33-34
 カスタマイズされた学習方法 33-34
 進度の個別化 33-34
 チュガッチにおける— 89
 MNCS における— 79-80
 モンテッソーリにおける— 96-97
学習者の特性 34
 多元的知能 34
学習進捗：
 時間ベースの— 5
 到達ベースの— 5, 31-33

隠れたカリキュラム 9, 16
カスタマイズされた学習
 ⇨「学習者中心の指導」の項を参照。
カスタム化 11-12
家族支援 53, 56-57, 65-66
学校
 ⇨「クラスタ」の項を参照。
カリキュラム，広がりのある（コア・アイデア 3）
 38-42
 チュガッチにおける— 90
 MNCS における— 80-81
 モンテッソーリにおける— 97
官僚制 14
絆（または関係） 53, 82, 91, 98
基本的特徴 10-19
 —の相互依存性 15
教育支援（または教育オーバーレイ） 36-38,
 48-49, 80, 89
協働学習 35-36, 44-45, 99
協働的な関係 12-13, 20
記録の保存
 ⇨「成績表」の項を参照。
クラスタ（学校） 57-58
 サイズ 52
 支援機関 63-64
 文化 52-57
研究支援
 ※原著：research support, 60-61, 64-65, 71, 77-
 78
コア・アイデア 31-67

公教育向けの転換のための対話のプロセス　138
工場モデルの学校教育　7, 25
構造，組織（コア・アイデア6）　57-67
　　ガバナンス構造の—　64-65
　　行政機構の—　62-64
　　チュガッチにおける—　92
　　MNCSにおける—　83-85
　　モンテッソーリにおける—　99-100
個別の学習計画　34, 42, 46, 58, 79-80, 89, 98, 114

【さ】
サービス・ラーニング
　　⇨「プロジェクト型学習」の項を参照。
自己主導型学習　44, 79, 83, 98
システム思考　20
実地での学習
　　⇨「プロジェクト型学習」の項を参照。
市民教育　39
従順さ　16-17
集中管理　15-16
主体性　16-17, 20
生涯学習　55-56
情緒的発達　40
政策：
　　研究のための—　133-135
　　州レベルの転換のための—　134-135
　　技術のR＆Dのための—　130-132
成績表：
　　到達ベースの—　32-33, 78-79, 88-89
　　到達マップ　33
　　ポートフォリオ　32-33, 82, 89
説明責任を伴った自律性　15-16
セルフサービス　17, 132
全体　17-18

選択　44, 53, 60-62, 83, 92, 120
専門家によるサービス　17

【た】
対立的な関係　13-14
多様性　12, 20, 30
単一性　12
チーム制　14-15
チームベースの学習
　　⇨「協働学習」の項を参照。
知識労働　19
テクノロジ：
　　学習記録管理　46
　　学習のための評価／学習評価　49-50
　　学習の指導　47-49
　　学習プラン　46-47
　　—の役割　45-52, 91
　　二次的役割　50-52
テスト：
　　到達ベース（または目的準拠）の—　10, 31-32, 89
　　序列化のための（または集団準拠）の—　10
　　⇨「評価（assessment）」の項も参照。
転換（または変化）：
　　漸次的な—　7, 24
　　—の波　8
　　パラダイムの—　6, 7, 24
転換への並行システムによるアプローチ　106, 120-121
動機づけ　35, 36, 56, 83, 98
到達ベースのシステム（コア・アイデア1）　31-33
　　チュガッチ学区　87-89
　　MNCS　79
　　モンテッソーリ教育　96
独裁的なリーダーシップ　15

索引

特別支援　38, 84, 97

【な】
内発的動機づけ　35

【は】
パラダイム　7, 24
パラダイム転換プロセスのためのアプローチ：
　学区（または中規模）　106-107
　州教育局（または大規模）　107, 134
　チャータースクール（または単一の学校や小規模）　104-105
パラダイム転換プロセスのための原則　108-117
　「合意形成」の—　109-110
　「広範なステークホルダーの当事者意識」の—　110
　「心構え・理解力・文化」の—　113-114
　「時間と資金」の—　115-116
　「システムの梃子」の—　114
　「創意」の—　111
　「テクノロジ」の—　116-117
　「転換プロセスの専門家」の—　115
　「マインドセットの変化」の—　108-109
　「リーダーシップと政策支持」の—　112-113
　「理想をデザインする」の—　111-112
パラダイム転換プロセスのための方略：
　新しい学校をつくる　104
　既存の学校を変える　104-105
ビジョン，理想的な　118-120, 127
人づくり，の段階　52-55
一部屋学校　8
評価（assessment）：
　形成的—　31, 35, 49, 96
　自己—　79
　指導との統合　32, 50

総括的—　31, 49, 96
パフォーマンスに基づく　32
⇨「評価（evaluation）」，「テスト」の項も参照。
評価（evaluation）：
　ガイド（教師）の—　50, 62, 64
　クラスタ（学校）の—　50, 62, 64
　支援機関の—　63-64
　指導の—　50
　ラーニング・センターの—　62, 64
⇨「評価（assessment）」，「テスト」の項も参照。
標準化　11-12
費用対効果　69-70, 85, 93, 100
平等（または公平さ）　11, 16, 122
フィードバック
⇨「形成的，評価（assessment）」の項を参照。
複雑さ　19-20
複数年にわたるメンタリング　53, 99, 143
プロジェクト型学習　35, 36, 47-49, 79, 89
　コミュニティにおけるサービス型のプロジェクト　35, 55, 67
　プロジェクト型学習（PBL）での問題　35-37
プロシューマ
⇨「セルフサービス」の項を参照。
プロセスのリエンジニアリング　18
文化，育む学校の（コア・アイデア5）　52-57
　チュガッチにおける—　91-92
　MNCSにおける—　82-83
　モンテッソーリにおける—　98
分割　17-19
ポートフォリオ
⇨「成績表」の「ポートフォリオ」の項を参照。

【ま】

学びの協同組合　66-67, 70
民主主義　40-41
問題解決学習
　⇨「プロジェクト型学習」の項を参照。

【や】

役割，新たな（コア・アイデア4）　42-52
　　教師の—　42-44
　　生徒の—　44-45
　　テクノロジの—　45-52
　　　⇨「テクノロジ」の項も参照。
　　保護者の—　45
　　チュガッチにおける—　90-91
　　MNCSにおける—　81-82
　　モンテッソーリにおける—　97-98
有効性の証拠
　⇨「研究支援」の項を参照。

【ら】

ラーニング・センター　54, 58-60
　　—のための支援機関　63-64
リーダーシップの共有　15
利用者援助機関　60, 64

著者について

　チャールズ M. ライゲルースは，彼自身が受けていた学校教育に違和感を感じていました。16歳のとき，教育をもっとやる気を持てる，効率的で効果的なものに変えていくことが自分の使命であると決意しました。彼は，高校で3年間教鞭をとり，インディアナ大学教授として25年間のフィールド調査を行いました。また，インディアナポリスの小さな学区において，12年間，教育の改革プロセス支援に関わってきました。

　ジェニファー R. カノップは，特別支援教育の修士号を持ち，伝統的な学校や非伝統的な教育環境の両方で勤務し，過去20年間，子ども中心の教育を提唱しています。現在，彼女はニューハンプシャー州のノースコンウェにあるロバート・フロスト・チャーター・スクールの設立者であり，校長でもあります。

訳者あとがき

　12万6,009人。平成27年度に不登校と判断された児童・生徒の人数です。割合で言えば1.26%で過去最高です。同じ年に実施されたPISA（国際的な学習到達度調査）では，72の国・地域のうち科学的リテラシーは2位，数学的リテラシーは5位，読解力は8位であり，世界的にみれば高い成果をあげています。少子化の数値も見てみましょう。2017（平成29）年の中学生は，直近のピークだった1986（昭和61）年の約610万人から約333万人へと半分近くまで減少し，この傾向は今後も続きます。そんな中，通信制高校の生徒数は年々増加し，2017年には5%を上回りました。こうした数値を並べてみると，十分な成果をあげてきた日本の学校教育ですが，10年後，20年後も今と同じような規模と制度を維持するのは，難しい状況が見えてきます。

　本書には，学校改革の方向性がまとめられています。工業社会を支える人材を育ててきた学校という教育システムを，情報社会に対応したものへと切り替える（パラダイム転換）と，どのような学校になるのか。すでに実現している事例，学校や地域レベルで変化を引き起こすための方法がまとめられています。著者の1人，C. M. ライゲルース氏は，インストラクショナル・デザイン（ID：授業設計）分野を代表する研究者です。『インストラクショナル・デザインの理論とモデル』（北大路書房）をはじめ，同分野の理論的支柱と言える存在です。著者が示す「6つのアイデア」は，米国の学校を対象に書かれていますが，IDの専門家らしい，学習の本質に根差した一般性のある提案です。日本の現状にマッチしない部分がありますが，そこに今の日本の学校教育が抱える課題が見えてきます。例えばどんなヒントが得られそうか，6つのアイデアごとに見てみましょう。アイデアの詳細は本文をご覧ください。

- 到達ベースのシステム：一人ひとりの学びを確かなものにする大原則です。授業時間数を前提にする日本のカリキュラムと相容れない部分ですが，塾や通信教育，デジタル教材の多くはこの考え方を取り入れています。

訳者あとがき 175

- 学習者中心の指導：学びの個別化とプロジェクト化の2つの方向性が示されています。教育哲学者の苫野一徳氏の提唱する「学びの個別化・協同化・プロジェクト化」と近い方向性です。なお，プロジェクト化は「主体的・対話的で深い学び」でもあります。学ぶ意味の感じられる単元を設定したうえで，指導すべき点をどう織り込むのか，基本的な考え方が示されています。
- 広がりのあるカリキュラム：21世紀型スキルをはじめとして，これからの社会で求められる資質・能力をどう扱うか。学力に対する見方は世界中で変わり始めています。
- 新たな役割：教師，生徒，テクノロジの役割についてです。特にテクノロジは，日本でのいわゆる「ICT活用」とは発想がずいぶん異なります。今後の方向性や新たな可能性を考えるヒントになるでしょう。
- 調和ある人格を育む学校文化：新しい学校が子どもと教師をどうとらえ，どのような価値観で運営されるのかが描かれています。日本でも，複式学級のある小規模校といった少子化の先進地域で近しい姿を見ることができます。
- 組織構造とインセンティブ：公教育として家庭や地域コミュニティと連携しつつ，多様な選択肢を低コストで実現するモデルが示されています。生涯学習社会の学校像として「学びの協同組合」は魅力的です。

本書のもう一人の著者，J. R. カノップ氏は特別支援教育を専門にしながら，自らチャーター・スクールを運営し，6つのアイデアを実践しています。カノップ氏の学校でも取り入れている，本書で紹介した3つの事例の一つがモンテッソーリ教育です。イタリアで20世紀初頭にマリア・モンテッソーリ氏が考案した教育法です。ドイツのシュタイナー教育，イエナ・プラン，フランスのフレネ教育，米国のサドベリー・スクールなどを含めて「オルタナティブ」（もう一つの）教育と呼ばれています。日本にもこれらの教育法を取り入れた学校や，独自の考え方で運営されているオルタナティブ・スクールは数多く存在します。また，インターナショナルスクールや一条校における国際バカロレア教

育（IB）や，アドバンスト・プログラム（AP）などの教育プログラムが注目されつつあります。6つのアイデアは，これらのオルタナティブ教育の考え方と近似したところもあります。テクノロジを学習環境の基盤に据えてオルタナティブ教育を実現しようとしている点では，米国でGoogle社が支援するaltスクールや，オランダのスティーブ・ジョブス・スクールにより近いとも言えます。1章で紹介している「Sカーブ」のどの段階にこれらの学校が位置しているのか考えてみると，わくわくしてくる読者も少なくないはずです。

　IDとテクノロジとオルタナティブ教育。これだけでは，特別な学校の特殊な実践と思われるかもしれません。本書のもう一つの特徴が，組織論の視点です。『学習する学校』（英治出版）の著者である，ピーター・センゲの諸理論を付録に収録しています。新しい学校を公教育としてどのように実践し，学区単位，州単位へとスケールアップさせていくのかが4章では組織運営の視点から，5章では政策的な観点から詳述されています。日本の教育委員会制度，文部科学省との関係とはずいぶん前提が異なりますので，そのまま真似るような話ではありません。それでも，意思決定をどのレベルで行うべきか，さまざまな考えを持つ関係者をどう束ねるか，どこにリソースを集中すべきかといった悩みを抱えながら，教育の改善・改革に向けて日々，奮闘されている方々にとって，強力な思考の枠組みとなるはずです。

　翻訳は東北から四国まで，5名の訳者による協働作業によって進められました。

　学校現場をフィールドに，授業づくり・情報教育・学校と家庭の学習連携等を研究する稲垣，日英バイリンガルにおける読解や日本語学習者の語彙能力と文法能力を研究しインターナショナルスクールで教鞭をとる細井，教育の情報化に関する過去の歴史整理や新しいツールを活かした教育実践や学習環境を研究する林，インストラクショナル・デザインや学習意欲を研究する中嶌，高等教育のグローバル化や国際バカロレア教育を研究する野田が，それぞれの立場や経験を踏まえて取り組みました。

　全員揃っての会議は6月の一度きりでしたが，本書をきっかけにそれぞれの教育のこれからに対する思いが爆発する充実したひと時でした。その一部を，訳

者からのメッセージとして収録しております。会場を提供していただいたエプソン販売株式会社の皆様，ありがとうございました。そして，私たちの翻訳作業を温かく見守りつつ，適切なサジェスチョンをいただいた北大路書房の奥野浩之氏に感謝申し上げます。

　最後に，Facebook の創業者，マーク・ザッカーバーグ氏によるハーバード大学でのスピーチを引用しましょう。

> The challenge for our generation is creating a world where everyone has a sense of purpose.（私たちの世代の使命は，すべての人々が目的意識を持てる世界をつくり出すことです）。

　教育現場は，まさにその最前線にいると思いませんか？ 本書が，教育のこれからを考えるすべての方々にとって，次の一歩へと踏み出す何らかの触媒になれば幸いです。

翻訳者からのメッセージ

稲垣　忠（東北学院大学文学部）　1章・付録 ●‥‥‥‥‥‥‥‥‥‥‥‥‥‥‥‥

　「工業社会から情報社会に世の中は変化した。だから，工業社会に誕生した学校にも変化が必要だ」。これまでも繰り返されてきたメッセージです。本書は，現状批判の先にある姿をシンプルな原則で示したうえで，すでにそれらを体現する学校がいくつもあることを教えてくれます。1章の「Sカーブ」で言えば，皆さんの考える「学校」はカーブのどのあたりですか？　何かを変えようとするときには，いくらかの反発や混乱，葛藤が起きます。対話を重ねてハードルを乗り越える術が，本書の後半にあります。

　本書で示されているさまざまなアイデアから，お気に入りを2つ紹介します。一つは「教育オーバーレイ」。グループで探究するプロジェクト学習と個に応じた学びを結ぶ考え方です。もう一つが「学びの協同組合」。少子高齢化社会の中，持続可能な生涯学習型の学校モデルです。

　学校教育のこれからを考える羅針盤として，本書をご活用いただければ幸いです。

中嶌　康二（関西国際大学教育学部）　4章 ●‥‥‥‥‥‥‥‥‥‥‥‥‥‥‥‥‥‥‥

　インストラクショナルデザインの視点から，本書で紹介されているアイデアの中でも「到達ベースで学習成果を測る」「学習者中心の指導」「自己主導型学習を支援するテクノロジー利用」といった点は特に関心をひかれます。日本の教育においてもこれらのことは意識されてはいるものの，情報時代の学習パラダイムで理解・実践されるにはまだ道のりがあるように感じます。本書が読者の皆様にとって，変えていくために私たちに何ができるのか？　を考える機会となれば幸いです。

　トフラーの「第3の波」が到来して久しいですが，今後なお変化していくことが予想される教育現場において，子どもから社会人まで多様な学習者を対象として行われるすべての授業の設計に，本書のアイデアが参考にされ，学習者の学びが「将来に活きるもの」となることを願っています。

野田　啓子（ドルトン東京学園中等部・高等部）　3章 ●‥‥‥‥‥‥‥‥‥‥‥‥

　2016年8月，本書の著者ライゲルース教授が来日。ライゲルース教授と言えば，インストラクショナルデザイン・教授システム学の理論とモデルを集約した「グリーンブック」の編著者であり，理論の大家です。講演会で教授から本書の紹介があり，早速原書を入手しました。ライゲルース教授は16歳の時，自分が受けていた教育について考え，研究を

進めながら地域の学校で教育改革にも尽力されてきました。変わりゆく世界にあって，教育もまたその姿を変える時なのだというテーマで書かれた本書ですが，お読みになって皆さんはどのようにお感じになったでしょうか。どのような変化が「正解」なのかは明示されていません。その答えは読者一人ひとりの中にあるのだろうと思います。米国と日本では政治や文化の違いもあり，本書に掲載されている事例をそのまま日本に当てはめることはできませんが，お読みいただいた皆様にとって，何らかの参考になれば訳者として幸いです。

細井 洋実（聖心インターナショナルスクール）　2章 ●…………………………………

　特定の国のカリキュラムに従う必要性のないインターナショナルスクールで指導していると，決まった枠組みの中で教育を考える不自由さから解放される一方で，目の前の生徒に適した学びのあり方を常に探し求めることになります。これまで，教育の方向性を模索するさまざまな国の取り組みに触発されてきました。この本を手に取る機会もその中で与えられたものです。情報時代における教育の在り方を問う書籍で溢れる近年，著者がこの本を送り出した理由を考えると，新しいパラダイムにシフトされていく中で起こる不安，混乱，怒り，抵抗に妨げられることなく，教育のあるべき姿を問いかけ続けることが試されているのだと思います。教育は完成されることもなく，完全にもなり得ないからこそ，時代の流れの中で常にその形を変えていくことが求められており，その挑戦を止めてはいけないのでしょう。最後に，この本を通して一人でも多くの仲間が増えることを願っています。

林　向達（徳島文理大学人間生活学部）　5章 ●……………………………………………

　日本では，佐藤俊樹氏が「技術がどう使われるかを決めるのは実は社会の側」(1996)であることを指摘し，「情報技術が社会を変える」言説の一種の自己欺瞞性が広く認知されたこともあってか，情報時代に向けた変革の必然性を訴える著作に対して，ある程度距離が置かれているように思います。

　本書がそのような類書と異なるのは，教育のパラダイム転換を起こす原則や方法を実際の教育現場での取り組みの中から紡ぎ出し，示そうとしていることです。これを日本の文脈でどう引き受けるのか。私が5章を担当したからというわけではありませんが，米国の事例である5章を日本の文脈で読み解くことから手がかりが得られるのではないかと考えています。支援する側が何を支援すべきかという熟考は，裏返せば支援を上手に活かすにはどうすればよいかという問題を浮かび上がらせます。場合によっては既存のものを捨てる勇気が必要になるのかもしれません。本書の読了が，支援だけを受けて終わりにしない方策を考える出発点になることを期待しています。

情報時代の学校をデザインする
－学習者中心の教育に変える6つのアイデア－

| 2018年2月20日　初版第1刷発行 | 定価はカバーに表示 |
| 2019年7月20日　初版第2刷発行 | してあります。 |

著　者　　C. M. ライゲルース
　　　　　J. R. カノップ
訳　者　　稲　垣　　　忠
　　　　　中　嶌　康　二
　　　　　野　田　啓　子
　　　　　細　井　洋　実
　　　　　林　　　向　達
発行所　　㈱北大路書房
　　　　　〒603-8303　京都市北区紫野十二坊町12-8
　　　　　電　話　(075) 431-0361 ㈹
　　　　　ＦＡＸ　(075) 431-9393
　　　　　振　替　01050-4-2083

編集・制作　本づくり工房　T.M.H.
印刷・製本　（株）太洋社
　　ISBN 978-4-7628-3007-5　　Printed in Japan © 2018
　　検印省略　落丁・乱丁本はお取替えいたします。

・ JCOPY 〈㈳出版者著作権管理機構 委託出版物〉
本書の無断複写は著作権法上での例外を除き禁じられています。
複写される場合は，そのつど事前に，㈳出版者著作権管理機構
（電話 03-5244-5088, FAX 03-5244-5089, e-mail: info@jcopy.or.jp）
の許諾を得てください。